KB265852

알기 쉬운 ERP

알기 쉬운 **ERP**

제1판 제1쇄 발행 2011년 2월 20일
제2판 제1쇄 발행 2016년 4월 10일

지은이 신철   발행인 조헌성   발행처 (주)미래와경영
I S B N 978-89-6287-166-1 13320   정 가 14,000원
출판등록 2000년 03월 24일 제25100-2006-000040호
주   소 (08381) 서울특별시 구로구 디지털로27길 36 이스페이스 602호
전화번호 02) 837-1107   팩스번호 02) 837-1108
홈페이지 www.fmbook.com   이 메 일 fmbook@naver.com

※ 이 책에 실린 모든 내용, 디자인, 이미지, 편집 구성의 저작권은 지은이와 (주)미래와경영에 있습니다.
※ 이 책은 대한민국 저작권법에 따라 보호되는 저작물이므로 무단 전제와 복제, 전송, 판매를 할 수가 없습니다.
※ 책 내용의 일부 또는 전부를 이용하려면 반드시 저작권자와 (주)미래와경영의 서면 동의를 받아야 합니다.
Copyrights ⓒ 2016 by Miraewagyungyoung Co. Ltd.
(08381) 602ho e-space, 36, Digital-ro 27-gil, Guro-gu, Seoul, Korea. All rights reserved.
The Second Published by Miraewagyungyoung Co. Ltd., in 2016. Printed in Seoul, Korea.

ERP 이해에서 도입과 활용, 운용 성과측정까지

알기 쉬운
ERP

Enterprise Resource Planning

신 철 지음

미래와경영

{ Preface }

그동안 경영 및 정보기술 환경이 급변하면서 너무나 많은 내용이 바뀌거나 추가되었을 뿐만 아니라 여전히 기업 정보시스템의 핵(核)으로 자리매김한 ERP에 대한 올바른 이해를 위한 시장요구가 더욱 커지고 있는 상황이다.

ERP가 국내 기업 정보화 시장에 선을 보인지 꽤 오래되었으며 대기업, 중견기업에 이어 중소기업까지 유행처럼 확산되고 있는 데 비해 인식은 저조한 상황이라 할 수 있다. 즉, ERP는 잘 만들어진 기성복이기 때문에 기업체들이 전사(全社) 통합 정보시스템으로서 ERP를 생각한다면 소매 또는 바지 기장 정도 고쳐서 입어야지 어깨, 허리품 등 상당부분 수선이 들어간다면 이미 기성복으로서 의미는 없어진 것이며, 이럴 경우에는 처음부터 맞춤복을 주문해야 옳다.

결론적으로 기성복과 맞춤복의 장단점을 충분히 인식하고 기업 정보화 구축 방향을 정해야 한다는 얘기다. 요즘 신사숙녀들 대부분이 기성복으로 충분히 멋을 낼 수 있는 것과 같이 기업 정보시스템도 ERP라는 기성복 소프트웨어로 기존 맞춤복을 대체해 나가고 있는 양상이다.

ERP의 개념 설명에서부터 중소기업 도입 사례, ERP 도입 성과 측정, ERP Ⅱ 개념인 e-Business 솔루션에 대한 소개 등 ERP시스템의 도입 및 운영과정에서 효과를 제고할 수 있는 내용 중심으로 구성됐다.

또한 e-Business의 Backbone(根幹)시스템이라 할 수 있는 ERP에 대해 기초에서 활용 및 성과관리까지 실사례 중심으로 누구나 알기 쉽게 접근하였기 때문에 ERP에 대한 정확한 이해를 바탕으로 제대로 ERP를 도입, 활용하여 ERP를 통해 실질적으로 기업체들의 생산성이 높아질 수 있도록 하는 지침서로의 역할을 충분히 할 수 있을 것으로 기대된다.

ERP 도입이 업종이나 규모에 관계없이 확산되고 있으나 여전히 기업체들이 ERP에 대한 이해가 부족하며, 마치 유행처럼 서로 경쟁적으로 ERP를 도입하고 있는 실정이다.

ERP가 뭔지, 왜 ERP를 도입해야 하는 건지, ERP를 어떻게 도입해야 하는 건지, ERP효과를 극대화하려면 어떻게 해야 하는 것인지 등 ERP 도입과 관련하여 챙겨야 할 부분이 한 두가지가 아니다.

이에 본서의 저자는 이러한 문제점을 충분히 인식하고 ERP 도입과 관련하여 이론적이거나 기술적인 측면보다는 실질적이고 현실적인 측면에서 내용을 구성하여 처음부터 끝까지 ERP의 궁금증을 해결하는 데 주력하였다.

아무쪼록 이 책자가 누구에게나 ERP를 제대로 이해하는 데 도움이 됐으면 좋겠고 특히 ERP시스템 구축으로 생산성 향상, 대 고객서비스 개선, 재무성과 향상 등 기업 경쟁력 강화를 기대하고 있는 기업체들에게 유용하게 활용됐으면 하는 바람이다.

아이티씨지 사무실에서

저자 신 철 識

Contents

Part 03 | 왜 ERP인가?

Part 06 | ERP 도입 요령

Part 07 | ERP 구축방법

Part 08 | 성공! ERP 도입

Part 10 | ERP 도입 및 운영 성과측정

Part 01

Paradigm 대전환

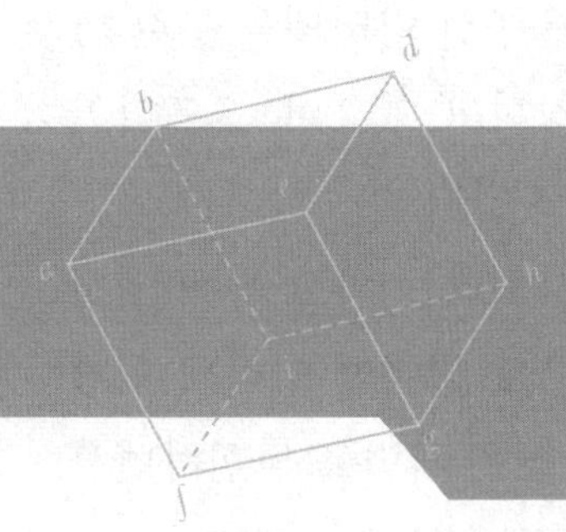

1. 패러다임 대전환(Paradigm Shift)
2. 기업환경의 변화
3. 정보기술(IT)의 발전
4. 정보기술을 활용한 경영혁신

패러다임 대전환(Paradigm Shift)

2015년에 우리나라 초고속 인터넷 가입자 수가 2천만 명 시대가 막을 열었다. 한반도 전역에서 대부분이 초고속망으로 연결되어 정보를 주고 받게 된 셈이다. 또한 사물인터넷(IoT) 가입자 수가 휴대전화 가입자 수를 추월하여 사물인터넷 서비스 시대가 본격 개화할 전망을 하고 있다. 이제는 유무선 인터넷을 통한 상거래 및 정보유통은 엄청난 속도로 성장하고 있으며, 오프라인 중심의 생활, 문화가 온라인으로 전이되고 있다.

지금 세계는 산업사회에서 정보지식사회라는 파고 속에 엄청난 변화를 요구받고 있다. 미국을 중심으로 일어난 인터넷 혁명은 가히 핵폭탄보다 몇 십배 이상 강도 높은 위력을 발휘하면서 무서운 속도로 세계 도처로 깊숙히 파고 들고 있다.

이와 아울러 산업혁명 이후 230년 가까이 줄곧 이어져 내려온 산업사회에서 통했던 대량생산체제의 공업화 신화는 이미 깨진지 오래이다.

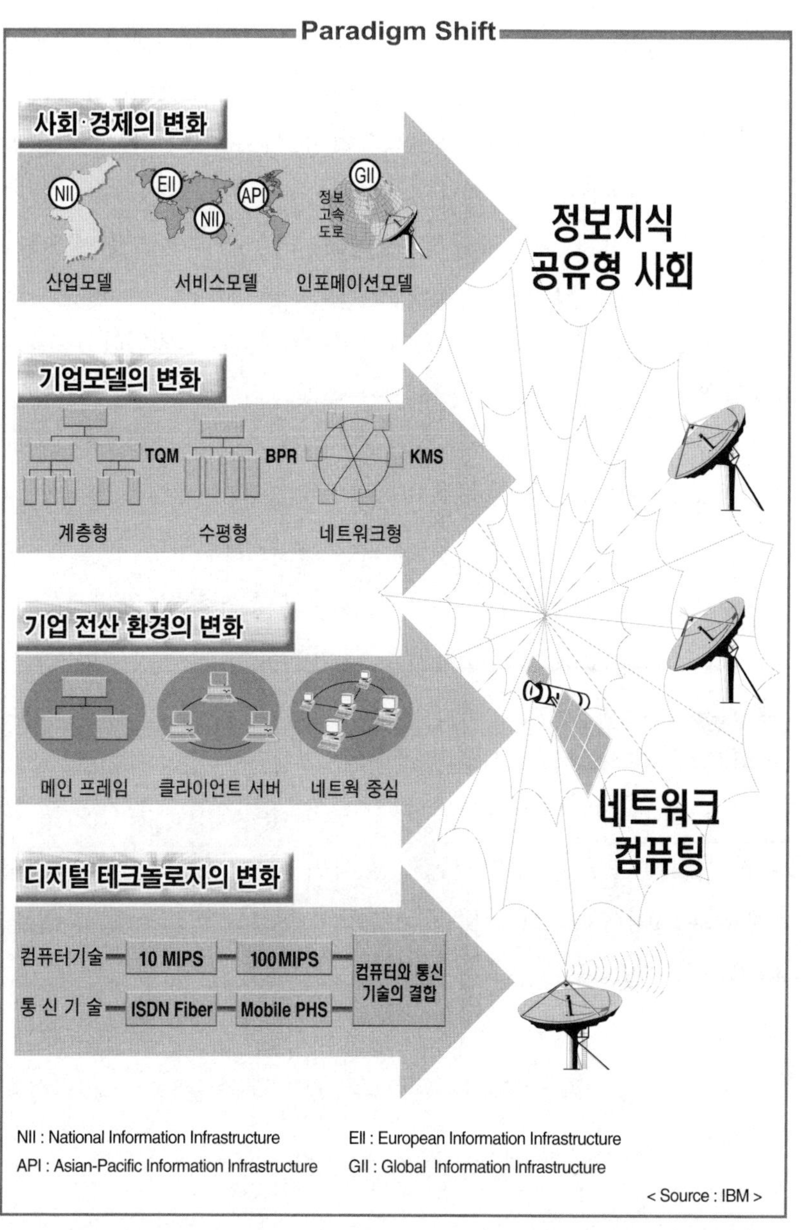
사회·경제의 변화
NII
EII
NII
API
GII
정보
고속
도로
산업모델
서비스모델
인포메이션모델
정보지식
공유형 사회
기업모델의 변화
TQM
BPR
KMS
계층형
수평형
네트워크형
기업 전산 환경의 변화
메인 프레임
클라이언트 서버
네트웍 중심
네트워크
컴퓨팅
디지털 테크놀로지의 변화
컴퓨터기술
10 MIPS
100 MIPS
컴퓨터와 통신
기술의 결합
통 신 기 술
ISDN Fiber
Mobile PHS
NII : National Information Infrastructure
EII : European Information Infrastructure
API : Asian-Pacific Information Infrastructure
GII : Global Information Infrastructure
< Source : IBM >

공급자 중심의 산업사회에서는 단순화, 반복화, 대량화, 저가
화를 통해 최소의 비용으로 대량생산을 창출하는 것이 미덕이었
지만 지금은 이러한 상황이 완전히 역전되는 현상이 벌어지고 있
다. 소득 수준이 향상되면서 소비자들의 의식이 크게 바뀌었기
때문이다. 소비자들이 다양화, 개성화, 인간화를 추구함에 따라
이러한 소비자들의 입맛에 맞게 경영전략이 바뀌지지 않는다면
기업의 생존은 어느 누구도 책임질 수 없게 된 세상이다. 고객은
다른 고객과 동일한 대우 받기를 원치 않는다.

더욱이 무한경쟁(Mega Competition) 체제로 들어서면서 더 이
상 국내 기업들을 경쟁상대로 하거나 소비자들도 국내가 아니라
세계를 대상으로 하지 않으면 안 되는 상황에 빠져 있다.

소비자들의 까다로와진 입맛에 맞는 경영을 하기 위해서는 고
객지향적(Customer Oriented)인 관점에서 모든 것을 바라보아
야 되기 때문에 내부 통제 중심으로 설계된 기존 정보시스템의
대변혁이 요구되는 것이다.

이와 같이 여기저기서 혁명적인 움직임이 일고 있고, 이를 전
체적으로 내다보게 되면 자본이 중심이 되는 자본주의 사회에서
'정보와 지식'이 중심이 되는 뇌본사회(腦本社會)로 패러다임이
대변혁하고 있다고 할 수 있겠다.

Source : Virtual Center for Knowledge & Intellectual Capital Management

구 분 (VARIABLES)	시 대 (Eras) 농경사회 (Agricultural Era)	산업사회 (Industrial Era)	정보사회 (Post-Industrial or Information Era)	지식사회 (Knowledge Era)
경제성장의 전략요인 Strategic Factors of Economic Growth	Land	Capability of Industrial Production	Information	Knowledge
조직구조 Organizational Structure	Hierarchy (Land Owner)	Blue Collar Bureaucracy (Factory Owner : Trade Union leader)	White Collar Bureaucracy (Administrators, IT Managers)	Collaboration (Communities)
대표적인 소비재 Predominant Consumer Goods	Food	Agricultural Goods, House and Clothing	Information and Communication Services and Products	Intellectual products and Services
기술 Technology	Agricultural Technology	Manufacturing and Engineering Technology	Information and Communication Technology	Technology for Learning, Innovating, Consulting, Collaborating
대표적인 지원 Predominant Resources	Workforce	Physical Sources of Energy	Information	Ideas

수렵채취생활을 영위하던 우리 조상들은 농기구를 만들어 농업혁명을 통해 토지를 근간으로 농경사회를 열었으며, 산업혁명으로 산업사회에서 자본주의가 형성된데 이어, 정보가 생산의 원천으로 대두된 이른바 인터넷혁명, 정보혁명으로 정보화사회가 전개되기 무섭게 무한경쟁, 협업(Collaboration)화, e-Business가 급격히 진행되면서 지식이 중심이 되는 이른바 지식혁명으로 지식사회가 숨가쁘게 펼쳐지고 있다.

지식사회에서의 기업경쟁력은 핵심역량(Core Competency)은 강화하고 아웃소싱(Outsourcing)을 적극 활용하는 차원에서 협업이 강조되고 있으며 Ideas가 모든 생산의 원천으로 작용하고 있는 상황이다.

e-Business or out of Business

■ "죽느냐 사느냐 그것이 문제로다(To be or not to be That is Question)", 이는 햄릿의 말이다.

오늘날 급변하는 경영환경, 정보기술 환경속에서 기업체들의 화두는 e-Business다. e-Business를

선택이 아닌 생존의 문제로 인식되고 있는 상황이다.

■ e-Business 란?

- IBM : 경쟁우위를 확보하기 위한 조직 전반에 걸친 업무처리시간, 스피드, 세계화, 생산성 향상, 새로운 고객에의 접근 및 지식공유에 관련된 모든 것이라 할 수 있다.

- PWC : 성과를 개선하고 가치를 창조하며 비즈니스, 공급자, 고객간의 새로운 관계를 창출하기 위해 전자정보를 사용하는 것

- 오라클 : 기업들이 인터넷 기술을 활용하여 비즈니스 방식을 근본적으로 변화시키는 것을 의미. 즉, 물리적인 사회에 맞추어져 있던 기업의 모든 것들(프로세스, 조직, 문화 등)을 전사적인 사회에 맞추어 전환하는 것을 말한다.

- Gartner Group : Electronic = E-Commerce + RM + SCM, KM + BI(Business Intelligence)

  Business = Engineering + Production + Marketing + Distribution + Service

       + Administration

- e-Business는 인터넷 또는 전자정보를 활용하여 모든 비즈니스를 수행함에 따라 궁극적으로 조직의 경쟁우위를 확보하고 새로운 비즈니스 가치를 창출하는 활용이라고 이해될 수 있으며, 인사, 회계, 영업, 구매, 생산, 재고, 판매 등 기업내 기간업무를 실시간 통합적으로 처리하도록 해주는 통합정보시스템인 ERP(Enterprise Resource Planning : 전사적자원관리시스템)는 이러한 e-Business에서 가장 중심이 되는 이른바 백본(Backbone) 시스템이라 할 수 있겠다.

기업환경의 변화

전통기업의 e-Transformation

3M, 즉 사람(Man), 자원(Material), 자본(Money)이 중심이 되는 산업사회에서 지식(Knowledge)과 정보(Information)가 중심이 되는 이른바 지식정보화 사회로 세상이 달라지면서 굴뚝산업이라 불리우는 전통적인 기업체들은 경쟁력 강화 및 생존을 위해 e-business라는 거센 파고를 뛰어넘기 위해 안간힘을 쓰고 있는 상황이다.

기업의 정보화는 더 이상 선택이 아닌 기업 경영의 필수사항으로 인식되었으며, 오히려 경영목표 및 전략을 달성하는 강력한 도구로 사용되고 있는 형국이다.

국내 유수의 회계법인이 모재벌에 대한 부실회계로 인해 해당 재벌회사는 물론 급기야 회계법인 역시 회사 문을 닫아야 하는 불행한 사태로 빠진 사례가 있었다. 이러한 현실을 반영하여 더 이상 외국투자자들은 국내 기업 및 금융기관의 재무제표를 신뢰하지 못하는 등 국제적으로 한국의 신인도가 실추됐을 뿐 아니라 국내의 주주, 투자자 등 기업을 둘러싼 이해관계자(Stakeholders)들도 기업경영의 투명성을 요청하고 있는 상황이다.

이젠 국가간의 벽이 허물어지고 전세계가 한 마당이 된 이른바 글로벌화(Globalization)가 된 세상이기 때문에 주먹구구식의 불투명한 관행을 고집하다가는 무한경쟁(Mega Competition) 시대에 도태될 수 밖에 없는 현실을 극명하게 시사해주고 있다.

인터넷의 등장은 세상을 완전히 딴판으로 만들어 버렸다. 가장 대표적인 변화는 시간과 공간의 개념을 허물어 버렸다는 것이다. 24시간 365일 언제 어디서나 인터넷을 통한 비즈니스는 쉴 틈이 없다. 네트워크화되고 인터넷이라는 정보의 바다를 통해 유아에서 성인까지 구멍가게에서 재벌까지 누구나 차등 없이 정보의 공유가 가능해져 정보 독점에 의한 기업 경쟁력 강화는 이젠 진부한 얘기가 된 셈이다.

정보격차(Digital Divide)가 갈수록 해소됨에 따라 궁극적으로 경쟁력의 관건은 누가 어떤 일을 가장 잘 할 수 있느냐라는 문제에 봉착될 수 밖에 없다. 예컨대 디지털세상에 2등은 없고 1등만 생존하는 경쟁논리가 강하게 작용하기 때문에 어느 기업이든 모든 것을 다 잘할 수는 없으며, 핵심역량(Core Competency)을 집중하고 강화하는데 주력해야 하는 상황이다.

패러다임 전환 (Paradigm Shift)	산업사회에서 지식정보화사회로 전환되면서, 기업정보화는 선택이 아닌 필수 요소로 인식
글로벌화 (Globalization)	글로벌 표준 비즈니스 실행(투명성 제고 등)
무한경쟁시대 (Mega Competition)	글로벌 네트워크
업무의 복잡화	정보의 홍수, 업무기능 및 프로세스 복잡화
스피디한 사회	급속한 변화, 신속한 업무처리 요구
아웃소싱 (Outsourcing) 강화	핵심역량(Core Competency)만 보유
리엔지니어링 (Reengineering)	군살제거 등 기업경쟁력 강화
까다로와진 소비자 요구	다양화, 개성화, 인간화
인터넷 혁명	시공간 초월, 디지털 경제 출현, 수확체증의 법칙

정보기술(IT)의 발전

생수 한 잔 값보다도 싸진 컴퓨팅 파워

십 수년 전 까지만 해도 기업 정보화(그 당시는 전산화)의 척도를 바로 대형 컴퓨터의 기종 및 용량, 성능으로 따졌던 시절이 있었다. 어느 회사가 몇 십억, 몇 백억, 몇 천억대의 대형 컴퓨터를 샀느냐가 최대의 이슈로 문제 삼아 전산전문가들 사이에서 화제가 되기도 했다.

그러나 오늘날 상황은 어떠한가 ? 초등학생이 사용하는 최신형 펜티엄급 개인용 컴퓨터(PC)의 경우 60~70만원대 가격으로 살 수 있는데, 이러한 PC의 성능이 과거 수십억대의 대형 컴퓨터급보다 오히려 성능이 훨씬 막강(Powerful)하다. 또한 집집마다 초고속 유무선 인터넷의 보급으로 아주 값싼 비용으로 빠른 속도의 인터넷을 즐기게 됐다.

또한 기업체 직원들 책상 위에 놓여 있는 PC 하나하나가 과거의 대형 컴퓨터인 셈이다. 더 이상 기업체들이 정보화를 추진하는데 과거처럼 하드웨어에 종속되지 않는 상황이다. 하드웨어는 갈수록 저비용 고효율화 추세를 지속하고 있다.

소프트웨어 제작 기술 역시 엄청난 변화에 변화를 거듭하여 오늘날 ERP와 같은 고기능성 산업용 소프트웨어의 출현을 가능케 하고 있다. 현재는 5세대 언어(5GL : 5Generlation Language)이지만 이미 JAVA, Powerbuilder, Visual Basic, Delphi 등과 같은 4세대 언어와 Oracle, SQL, Sybase, Informix 등 관계형 데이터베이스(RDB)의 등장은 소프트웨어의 재사용성을 가능하게 해주었다. 즉, 프로그래밍을 객체지향적으로 마치 장난감 레고블럭 맞추듯이 모듈(또는 기능) 단위로 하여 모듈을 조합하고 또한 필요한 모듈을 추가적으로 만들어 짜맞추는 등 코딩 부담을 크게 줄이면서 프로그램 공수를 획기적으로 단축시킬 수 있게 됐으며 사용자 중심의 컴퓨팅 환경으로 전환되었다. 그리고 관계형 데이터베이스를 통하여 대용량의 데이터(Data)와 정보(Information)를 효과적으로 저장하고 활용할 수 있게 되면서 정보의 가치가 더욱 향상되었다. 이와 같이 하드웨어, 소프트웨어의 급속한 진보와 네트워크 기술의 획기적인 발전으로 기업체들이 전사적인 관점에서 업무를 실시간(Real Rime) 처리가 가능케 해주는 ERP와 같은 고기능성 산업용 소프트웨어의 눈부신 발전이 더욱 가속화되고 있는 상황이다.

정보기술의 획기적인 발전에 따라 기존의 시장경제법칙 역시 크게 달라지게 됐다.

이를테면 '인간의 욕망은 무한하나 재화는 유한하다'라는 희소성의 원칙에 따라 경제논리가 세워졌는데 즉, 재화가 증가할수록 가치는 떨어진다는 이른바 수확체감의 법칙은 나누면 나눌수록 커진다는 인터넷 법칙에 따라 그 의미가 퇴색되기도 한다.

PC 동작속도가 과거 100MHZ에서 최근에는 4GHZ로 40배 빨라 진데 이어 곧 10GHZ CPU 등장이 예상되고, 미국 EMC보고서에 따르면 향후 3년동안 만들어질 정보량이 지구 탄생 이후 30만년간 만들어진 정보보다 많을 것으로 추정하고 있다. 즉, 30만년간 생성된 정보는 12엑사바이트(엑사바이트=10억GB)인데 향후 3년동안 15엑사바이트 상당의 정보가 축적될 것으로 예상하고 있는데 12엑사바이트는 지구와 달의 왕복거리인 2,400만마일 만큼 플로피디스크를 쌓아놓은 정도의 양이다.

인터넷의 주요법칙

- 무어의 법칙 : 마이크로프로세스의 속도는 18개월 마다 2배로 증가하는 반면 비용은 증가하지 않는다(컴퓨팅 파워 증가).
- 길더의 법칙 : 광전송 속도가 12개월마다 3배로 증가한다. 전송기술의 지속적인 발전으로 고속화, 대용량화 진전 및 저가화

• 멧칼프의 법칙 : 네트웍의 가치는 사용자의 수의 제곱에 비례
하지만 비용의 증가율은 일정하다. 즉, 가치는
더 많은 사람이 사용할수록 커지며 유용성이
증가한다(인터넷서비스, 수확체증의 인터넷
법칙).

IT의 과거/현재/미래

e-business세상이 펼쳐지면서 IT 관련 부서의 위상과 역할이
크게 달라지고 있는 양상이다. 기존에 전산실은 이젠 진부한 용
어가 되버렸다. 전산이 정보로 둔갑을 했기 때문이다.

과거 전산화다 하면 프로그래머가 코딩을 하여 시스템을 구축
하고 컴퓨터 구입과 이를 유지·보수하는 등 단순히 업무의 보조
적인 역활이며 기술중심적으로 이해하여 조직내에서의 위상은
크게 떨어졌다. 경영진의 관점에서 바라보게 되면 전산은 단순히
실무적인 차원에서 업무를 능률적으로 처리하기 위한 시스템으

과거 및 현재	현재 및 미래
데이터처리 위주(OLTP)	데이터 분석 위주(OLAP)
전산실 중심	기획 및 현업 주도
분석은 주로 Batch / Excel	다양한 분석기법, 신속한 의사 결정
매출실적 데이터 중심	고객 및 수익성 중심
업무처리 자동화 및 효율 증대	매출 / 기업가치 증대, 신사업 기회창출
기술적 요인에 의해 변화	비즈니스 요인으로 변화

로 경영진의 관심밖에 있었던 영역이었다.

그러나 오늘날 정보관련 부서의 위상은 크게 격상되고 있다. IT가 경영전략 및 목표를 효과적으로 달성하기 위한 핵심수단이라는 인식이 확산되면서 갈수록 IT관련 조직이 확대되고 기능이 강화되고 있는 상황이다.

조직 정보화를 진두지휘하는 역할을 과거 전산실장에서 지금은 CIO(Chief Information Officer : 정보화담당임원)제 도입이 보편화되어 가는 추세이다. 민간은 물론 정부, 공공기관, 중견중소기업에까지 CIO제 도입이 확산되고 있다.

이에 한술 더 떠 지식(Knowledge)의 창출, 가공, 공유, 확산을 주도적으로 책임지는 역할을 통해 지식정보화 사회의 주역으로 CKO(Chief Knowledge Officer : 지식담당임원)가 등장하여 공공 및 대기업 중심으로 확산되고 있는 상황이다.

이제 IT는 매출증대, 이윤극대화, 고객서비스 증대 뿐아니라 경영목표의 효율적 달성 및 새로운 사업기회 창출 등 적극적인 비즈니스의 도구로 이해되고 있다.

과거 기술 중심적으로 접근한 IT는 지금은 해당 업무에 정통한 현업담당자들이 중심이 되어, 즉 비즈니스 혁신을 목적으로 정보화의 방향을 설정하고 있는 형국이다.

물 보다 싸진 컴퓨팅파워	H/W의 고효율 저비용 구조 지속 (무어의 법칙 : 18개월 마다 CPU속도는 2배 증가, 비용은 불변)
효율적인 정보처리 – 분산처리	메인프레임(Mainframe)에서 클라이언트 서버 (C/S : Client / Server)구조, Web 기반구조로 변환(멧칼프의 법칙 : 수확체증의 인터넷 법칙, 정보는 나눌수록 커져)
고기능성 소프트웨어 개발 언어 등장	4 GL(4 Generation Language)
DBMS등장	대용량 데이터의 효과적인 처리/통합데이터베이스구축
네트워크 발전	LAN, WAN시스템으로 실시간으로 원격지 정보 공유 및 처리 가능
객체지향기술(OOT : Object Oriented Technology)	소프트웨어의 재사용성 및 유지·보수의 획기적 발전 – 개발자에서 사용자 중심의 정보시스템 환경으로 변화

정보기술을 활용한 경영혁신

IT(Information Technology)를 활용한 경영혁신

지식과 정보가 경쟁력의 핵심요인이며 지식정보화사회에서 잣대로 여겨지고 있는 경영과 정보기술(IT)은 마치 동전의 양면과 같이 뗄래야 뗄 수 없는 표리의 관계로 깊어만 가고 있다.

즉, 기업 경영에 있어서 수레바퀴의 양축과 같은 역할을 하고 있다는 얘기다. 대개 기업체들은 기업 경영을 하기 위해 경영비전, 경영목표, 경영전략 등을 단계적으로 계획하고 수립하게 된다. 산업사회에서는 이러한 경영계획과 정보기술은 별개의 문제로 삼았는데, 즉 전산은 업무를 보다 자동화, 능률화시키는 실무적인 측면에서 내다봤으며 경영자적인 관점에서는 사정거리 밖에 있었다는 것이다.

그러나 오늘날 지식과 정보가 회사의 운명을 거머쥐게 되고 무

한경쟁체제에서 기업체들은 내부 자원을 효율적으로 관리하고
자 대고객 서비스를 개선하고 보다 빠르고 투명한 경영을 하기
위해서는 정보화로의 무장은 필수가 되버렸기 때문에 기업체들
은 경영목표를 효율적으로 달성하기 위해 경영목표에 상응하는
적절한 정보화 전략계획을 수립하게 된다.

이른바 ISP(Information Strategic Planning : 정보전략계획)
수립을 통해 경영과 정보전략을 동시에 세우게 된다.

경영전략 달성의 핵심 성공요소로 정보화 추진을 하게 되는데
이는 결국 e-business化 되기 위한 기업체들의 움직임으로 이해
될 수 있다. 기업 내부의 최적화를 위해 ERP와 같은 기업정보통
합시스템을 구축하고 대고객 서비스를 극대화할 요량으로
CRM(Customer Relationship Management : 종합고객관계관
리)이라는 솔루션을 도입하고 있으며, 전자적인 거래를 통해 구
매 및 재고의 효율성을 높이기 위해 B2B EC(Business to
Business Electronic Commerce : 기업과 기업간 전자상거래)
또는 SCM(Supply Chain Management : 공급망관리), 이와 아울
러 효율적인 판매유통을 위해 B2C EC(Business to Customer
Electronic Commerce : 기업과 소비자간 전자상거래)를 구축하
고 있는 상황이다.

이와 같이 기업체들은 E-비즈니스화를 기업 최상의 목표로
삼고 정보기술을 기업 경영에 적극적으로 도입하여 활용하고 있
는 상황이다.

핵심 Point

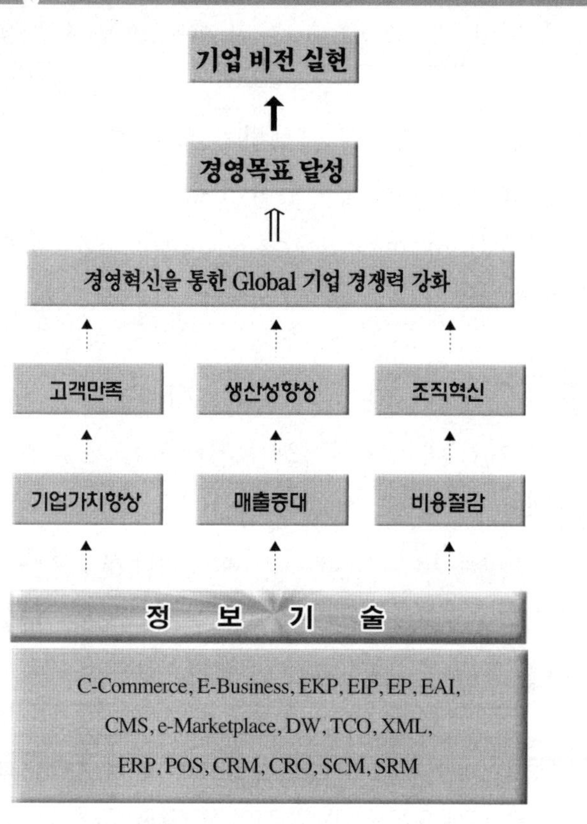
기업 비전 실현
경영목표 달성
경영혁신을 통한 Global 기업 경쟁력 강화
고객만족
생산성향상
조직혁신
기업가치향상
매출증대
비용절감
정 보 기 술
C-Commerce, E-Business, EKP, EIP, EP, EAI,
CMS, e-Marketplace, DW, TCO, XML,
ERP, POS, CRM, CRO, SCM, SRM

Part 02

ERP란 무엇인가?

ERP란?

ERP를 제대로 알기 위해서는 IT(정보기술)와 BP(비즈니스 프로세스 : 업무흐름)에 대한 이해가 선행되어야 될 것으로 보인다. ERP는 최신의 정보기술을 활용한 경영혁신 소프트웨어이기 때문이다. 즉, ERP는 선진의 업무모델(이를 선진 업무 프로세스 또는 Best Practice라고 함)이 내장된 소프트웨어이기 때문에 기업체들은 ERP 도입을 통해 현재 일처리 방식과 전혀 다른 방식 즉, ERP시스템에서 지원하는 선진 업무처리 방식에 따라 회사내 조직과 자원을 재편성하는 것으로 기존의 업무처리 방식을 획기적으로 개선하는 경영혁신 솔루션이다.

이러한 ERP 제품을 만들기 위해서는 선진의 비즈니스 모델에 대한 벤치마크(Benchmark)를 통해 선진 업무 프로세스에 대한 모델링이 필수적인 요소이기도 하다.

선진의 업무 프로세스(Best Practice)는 시스템의 확장성, 연계성, 호환성을 충분히 고려하여 최신의 IT(정보기술)를 활용하게 되는데 최신의 IT라 하면 S/W, H/W, Network, DB 등을 총칭한다. 소프트웨어 기술로 4GL(4세대 언어)이라 통하는 프로그래밍 언어를 채택하여 단위 모듈(기능) 중심적으로 개발하여 소프트웨어의 재사용성을 충분히 보장하고 OS(운용체제)는 클라이언트의 경우 Windows 시리즈에 클라우드 서버방식, 윈도우서버, Linux 서버 등을 채택하고 있다.

데이터베이스는 오라클, MS SQL 등 범용성이 높고 대용량의 데이터와 정보를 효과적으로 처리할 수 있는 관계형 데이터베이스 시스템이 주로 활용되고 있다. 기존에는 클라이언트 서버 환경에서 대부분 ERP가 구축되었으나 웹기반 환경으로 옮겨가고 있는 추세에 있다. 대체로 국내 ERP 프로젝트의 경우 플랫폼(Platform)이 윈도우-SQL이며, 구글 드라이브 클라우드를 활용해 ERP 구축하는 경우도 증가하고 있다. 결국 ERP 도입을 통해 기업체들은 최신의 정보시스템 구축과 선진의 업무 프로세스 도입이라는 두마리 토끼를 동시에 취하게되는 효과를 기대할 수 있으며, 이는 ERP가 지식정보화시대에 최적의 솔루션이라고 각광을 받게 되는 이유이기도 하다.

ERP는 기업의 전 부문이 동일한 정보를 실시간으로 공유할 수 있도록 해주며 공유된 정보를 통해 기업의 각 부분은 항상 전사적인 차원에서 신속하게 최적의 의사결정을 할 수 있다. 예를 들면 고객의 주문에 대하여 영업직원은 제품이나 원자재의 재고 상황, 생산 능력, 그리고 자금 흐름이나 손익에 미치는 영향 등을 실시간으로 파악하여 고객과 네고하면서 주문을 접수할 수 있으며,

A set of applications designed to bring business functions into balance that represents the next generation of business systems. (Gartner Group)

An accounting-oriented information system for identifying and planning the enterprise-wide resources needed to take, make, ship, and account for customer orders. (APICS)

개념적 측면	시스템 구성 측면	기술적 측면
• 통합 DB에 의한 실시간 (RealTime) 업무처리가능 • 다국적, 다통화, 다기업 환경지원	• 확장성, 유연성 • 연계성, 호환성 • GUI 등 사용자 편이성의 최대화	• 분산 데이타 처리 • Client/Server, Web 기술 • 개방형 구조

주문내역은 그 즉시 전사적으로 공유된다.

이와 같은 정보의 전사적인 공유는 정확한 예측으로 이어져서 기업의 보유자원을 최적화시켜 원가절감에 크게 기여하고 있다.

또한 ERP는 여러 산업의 다양한 기업들을 위해 다양한 옵션과 기능을 제공하기 때문에 기업은 이중에서 자신의 경영전략과 조직, 업무방식에 맞는 옵션과 기능을 선택하여 최적의 정보시스템을 신속하게 구축할 수 있다. ERP의 활용으로 Process 표준화, 정보·물류·설비의 통합, 기업 내적·외적 연계, 그리고 각종 정보의 Real-time 공급 및 분석이 가능하게 되어, 성과 및 효율향상에 기여함으로써, 기업의 Business를 최적화시키게 된다.

산업산회에서 지식정보화사회로의 변화는 하루가 다르게 숨가쁘게 빠를 정도이다. 스마트폰이 보편화되고 유무선 인터넷이 직장은 물론 가정, 전철안까지 거미줄처럼 보급되면서 급기야 인터넷 속도 또한 기가(Giga)인터넷이 보편화되는 등 이쯤하면 인터넷 혁명이 실감날 정도이다. 기가급의 빠른 인터넷이 확산되면서 어느 누구도 정보 접근에 더 이상 값비싼 대가를 치루지 않아도 되며, 이에 따라 정보격차(Digital Divide)가 크게 줄게 됐다. 이렇게 인프라는 확충되었는데, 이른바 정보화 고속도로는 개통되었는데 고속도로를 달리는 차(컨텐츠 : 내용물)가 없다면 아무런 효과도 없을 것이다.

ERP는 IT화의 대표적 솔루션으로 주목받고 있으며 또한 EC나 CRM, SCM 등 e-Business 관점에서 기업체들이 IT 영역의 확장해 나가는 상황에서 가장 기본적인 시스템으로 자리를 잡고 있는 상황이다. ERP가 구축되면 기업의 생산, 영업, 구매, 재고관리, 회계팀 모두가 기업에 필요한 정보를 동시에 갖게 돼 기업의 전 부문이 통합적으로 돌아가게 된다. 기업은 생산시간의 손실을 최소화하게 되며, 시스템상에서 재고 정확도가 지속적으로 개선되는 효과를 거둘 수 있다.

ERP(Enterprise Resource Planning – 全社的 자원관리계획)란?

선진의 업무프로세스(Best Practice)가 내장된 고기능성 업무용 소프트웨어로 최신 IT(정보기술)를 활용하여 만들었기 때문에 기업체들은 ERP시스템 도입으로 인사, 회계, 물류, 생산, 영업 등 전사 업무를 실시간 통합적으로 수행할 수 있어 인적, 물적 자원(Resources)의 최적 활용을 도모할 수 있다.

결국 기업체들은 ERP도입으로 프로세스의 선진화를 통해 업무 생산성 증대, 고객서비스 개선, 투명성 및 신뢰도 증대로 기업가치 향상, 글로벌 경쟁력 강화 등의 효과를 기대할 수 있게 된다.

MRP→MRPII→ERP→ERPII

　ERP가 어느 날 갑자기 생긴 개념이 아니라 경영 및 정보기술 환경의 변화에 따라 자연스럽게 생겨 났는데, ERP는 제조업체의 핵심인 생산부분의 효율적인 관리를 위한 시스템인 MRP(자재량 소요계획 : Material Requirement Planning)에서 비롯된다.

　1970년도에 등장한 MRP는 기업에서 가장 큰 고민거리 중에 하나인 재고를 줄일 목적으로 단순한 자재수급관리를 위한 시스템이다. 또한 1980년도에 출현한 MRP II(제조자원계획 : Manufacturing Resource Planning)는 자재뿐만 아니라 생산에 필요되는 모든 자원을 효율적으로 관리하기 위한 것으로 MRP가 확대된 개념으로 이해되고 있다.

　그러나 MRP, MRP II 시스템은 IT(정보기술 : Information Technology)자원이 충분히 뒷받침되어 주지 않아 만족할 만한 성과를 거두지 못한 것으로 평가를 받고 있다. MRP시스템이 생산 중심에서 출발하였다면 MRP II에서 확장된 개념의 ERP시스템은 생산뿐 아니라 인사, 회계, 영업, 경영자 정보 등 경영 관점에서 전사적으로 자원의 효율적인 관리가 주목적이라고 말할 수 있겠다.

1990년대 들어 글로벌 경쟁체제로 들어서면서 기업의 경영환경이 급변하고 특히 컴퓨팅 파워가 막강(저비용 고효율 구조)해지고 시장구조가 생산자 중심에서 소비자 중심으로 전환되어 가고 있는 가운데, 기업체들은 경쟁에서 살아 남기 위해서 IT자원을 활용한 첨단의 경영기법을 필수적으로 도입해야 하는 상황에 처하면서 자연스럽게 ERP가 주목을 끌게 된 것이다.

2000년 들어 e-Business가 가속화 되면서 ERP가 기업 통합 정보시스템으로 자리를 매김한데 이어, 기업과 기업간의 정보시스템을 ERP II라는 개념 즉, e-Business 솔루션을 확장된 ERP 개념으로 본서에서는 설명하고 있다.

MRP 개념

MRP는 Material Requirement Planning의 약자로 우리말로 자재 소요 계획이라고 말할 수 있으며, 소요 자재를 적시, 적소에 공급하여 기업의 재고를 최소화 시키는 것을 목표로 하고 있다.

MRP는 기준 생산계획(마스터 스케줄)과 부품표, 재고정보의 3가지를 기반으로 구체적인 제조일정과 자재생산, 조달계획을 계산하는 기법이라 할 수 있다.

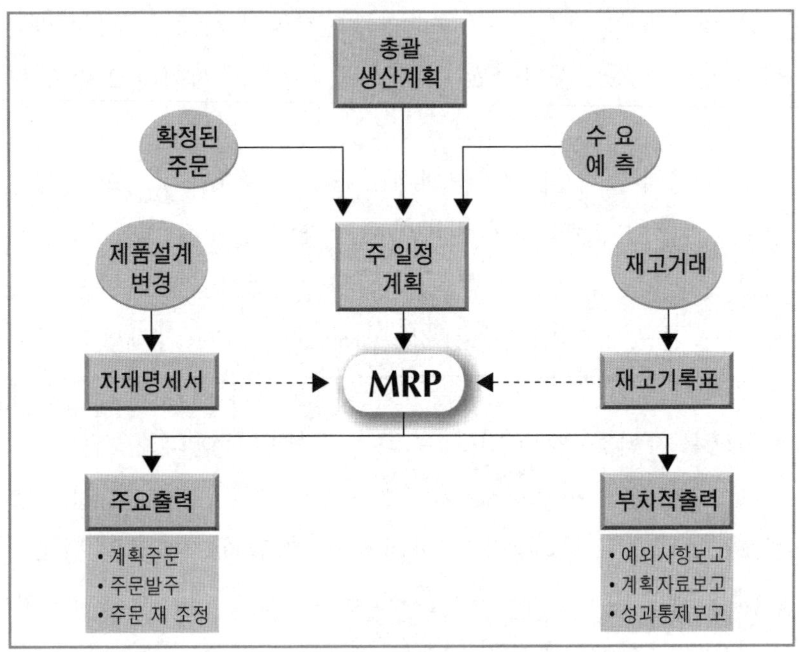

MRP는 다음과 같은 특징을 가지고 있다.

① 종속 수요 품목의 관리 기법인 자재소요 계획

② 기업이 보유하는 재고품목은 크게, 종속 수요 품목과 독립 수요 품목으로 분류

③ MRP는 종속 수요 품목의 생산, 구매, 재고관리를 합리적으로 처리하는 통합적인 생산계획 및 재고관리의 전산화된 관리 시스템

④ 소요 자재를 적시, 적소에 공급하면서 재고 수준을 최소화 시키는 것

한편 MRP는 제품을 구성하는 모든 요소들에 대해 자재 수급

계획과 생산 관리를 통합시킨 최초의 체계적 관리 기술이었다.

　그리고 MRP는 기준정보에 근거하여 어떤 물품이 언제 어느 곳에 필요한지를 예측하고 모든 제조활동과 관리활동을 계획에 근거해서 수행시킨다. 그 결과 MRP시스템은 기업자원의 비능률적 활용이나 낭비를 제거하는데 많은 도움이 되었다.

　하지만 MRP 시스템은 개념의 미정립, 컴퓨터와 통신기술의 부족, 데이터베이스 기술의 미흡 등으로 시스템 구현에 있어 많은 제약을 받게 됐다.

MRP Ⅱ 개념

　MRP의 자재사용 전개 시스템을 중심으로 회사의 모든 제조자원(재고, 생산능력, 자금, 인력, 시설, 장비)의 사용을 통합적으로 계획·통제하는 관리 시스템으로 제조 자원 계획(Manufacturing Resource Planning)으로 확대됐는데, MRP Ⅱ는 MRP의 고유기

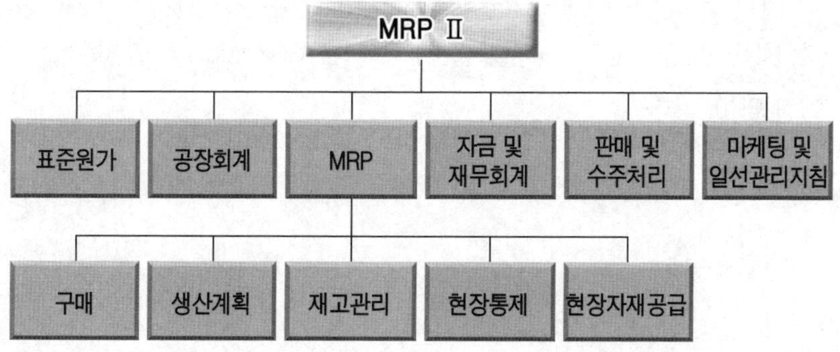

능(구매 및 생산능력, 재고관리, 현장통제, 현장 자재공급)을 그대로 포함하면서 거기에 영업 및 재무계획, 구매 및 수주계획, 원가관리, 공장 회계, 마케팅 및 일반 지원업무까지도 흡수하여 이를 통합적으로 운용하는 개념으로 이해되고 있다.

MRP의 중요성은 단순히 개선 시키는데 그치지 않고, 재무관리 등의 중요기능을 새로이 포함시킨 시스템으로의 확장을 가져왔다. 생산현장의 실제 데이터와 생산 용량을 고려하고, 자동화된 데이터 수집과 수주관리, 재무관리 등의 기능이 확장되어 실현 가능한 생산계획을 제시하고 좀더 효율적인 제조활동을 보장하고 있다.

MRP → MRPII → ERP → ERPII

ERP는 과거 제조업체의 생산중심 솔루션인 MRP → MRPII에서 확장 발전된 시스템으로 지금은 e-Business의 주춧돌 역할을 하고 있으며, ERP의 확장된 개념으로 ERP II가 대두되고 있다. ERP II는 기업간 최적화를 지향하는 e-Business 솔루션으로 이해되고 있다.

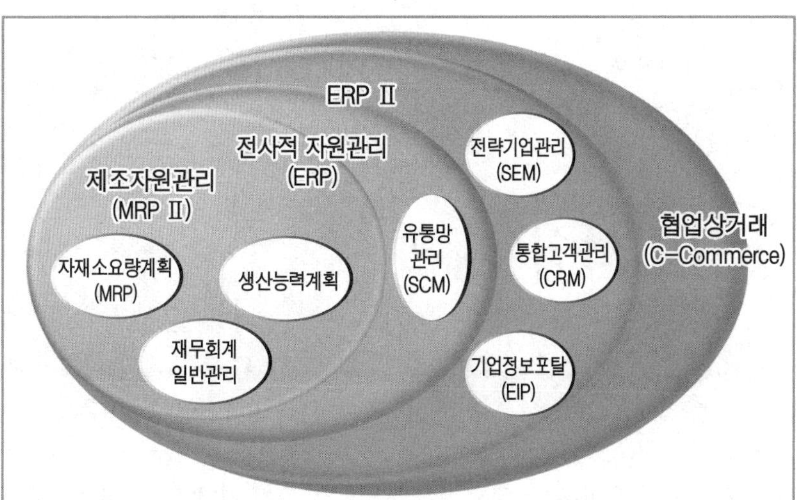

ERP는 과거 제조업체의 생산중심 솔루션인 MRP → MRPⅡ에서 확장 발전된 시스템으로 지금은 *e-Business* 의 주춧돌 역할을 하고 있으며 ERP의 확장된 개념으로 ERPⅡ가 대두되고 있다. ERPⅡ는 기업간 최적화를 지향하는 *e-Business*솔루션으로 이해되고 있다.

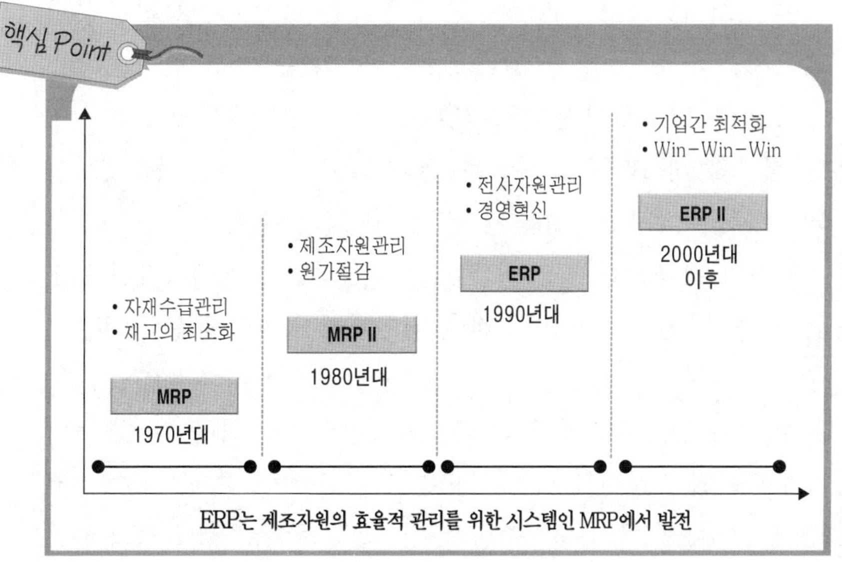

MIS와의 비교

MIS가 기존의 시스템으로 인사급여, 재무회계, 자재생산, 판매유통 등 제조회사의 주요기능별 또는 부서단위별 최적화된 시스템이라고 한다면 ERP는 이들 각 단위기능(업무)를 통합적인 관점에서 실시간으로 처리할 수 있도록 하는 면에서 전사적인 통합정보시스템이라고 할 수 있다.

즉, 실시간으로 자신의 부서업무뿐만 아니라 타부서의 업무 또는 정보와 데이터를 공유할 수 있게 되어 이중작업, 이중입력을 최소화하여 업무생산성을 향상시킬 수 있게 된다.

MIS가 기능중심 또는 일(Task) 중심적인 시스템이라면 ERP는 프로세스(Process)중심적인 업무처리를 지원해 준다. 즉, 기존에 단위부서 중심으로 살펴봤을 때 전혀 문제시되지 않았던 부분이 전체적인 관점에서 내다보게 되면 중복적이나 비효율적인 업무처리가 발생하게 되는데, ERP는 이와 같이 전체를 횡적으로 즉, 프로세스(업무흐름) 중심적으로 접근하여 가장 최적의 프로세스(Best Practice)를 지향하게 된다.

또한 MIS가 내부통제 중심적이라고 설명된다면 ERP는 고객지향적(Customer-Oriented)인 관점에서 프로세스 개선이 핵심이라고 할 수 있다. 이에 따라 ERP는 실무자적인 입장 보다는 경영자적인 측면에서 접근하는 것이 효과적이라고 이해되고 있다.

즉, ERP시스템의 의사결정방식은 Bottom-up(하의상달) 방식이 아닌 Top-down(상의하달)방식이 되어야 바람직하다.

실질적으로 ERP 도입의 성패가 경영자의 의지에 달려있다는 이유가 여기에 있다. ERP가 취급하는 대상은 기존에 물자, 자본, 인력 중심에서 정보, 시간, 지식차원에서 접근되고 있다.

구 분	MIS	ERP
시장조건	제한된 시장, 독과점체제	무한경쟁
설계기술	프로그램 코딩 의존	4GL, 객체지향기술
시스템구조	폐쇄성	개방성, 확장성, 유연성
업무처리	수직직 업무처리	횡적업무처리
조직구성	수직조직(계층제)	수평조직(팀제)
급여체계	연공서열중심	연봉제 등 성과급체계
사고체계	정의적 요소 인정	합리성에 기반
생산형태	소품종 대량생산	다품종 소량생산

시스템구조 측면에서 보면 MIS가 해당회사에 맞게 만들어진 폐쇄(Closed)적인 시스템이라고 한다면 ERP는 무한경쟁체제에서의 걸맞는 개방(Open)된 시스템이라고 할 수 있다. 대부분 회사들이 그룹웨어, 전자상거래, CRM 등 새로운 시스템을 도입하는데 있어 가장 큰 장벽은 기존시스템의 폐쇄성을 문제로 삼고

있다.

기존 정보나 데이터의 처리가 새로운 시스템과 융합(Fusion)하는데 기술적으로 어려운 문제에 봉착되어 시스템의 확장에 애로를 겪고 있다.

ERP가 기업정보시스템의 기본이지 전부는 아니기 때문에 e-Business화를 추진하는 기업의 입장에서 보면 다각적인 방향으로의 IT화는 필수불가결인 상황에서 기존시스템과 새로운 시스템의 연계 및 호환성에 필요성이 기본적으로 요구되고 있는 상황이다.

ERP는 최신의 IT를 활용하여 확장성을 충분히 고려하여 만들어 졌기 때문에 기능의 확장(회계, 생산, 영업, 인사, 자재 등 단위 모듈별 도입이 가능함)뿐만 아니라 시스템간의 확장 측면에서 각광을 받고 있는 것이며, ERP가 e-Business의 Backbone이라고 설명하는 이유가 여기에 있다.

최근에 기업체들이 경영효율화 측면에서 구조조정(Reengineering)을 통해 조직과 업무에 대폭적인 손질을 하고 있으며 조직의 슬림화, 연봉제, 성과급제 등을 활발히 도입하고 있는데, 이렇게 변화가 심한 환경에서 탄력적이고 유연한 ERP시스템이 기업체들에게 인기를 끌고 있다.

ERP 도입을 통해 기존의 업무관행이 획기적으로 바뀌어야 도입효과를 기대할 수 있는데, ERP 구축을 통해 철저히 시스템적인 업무처리가 요구된다는 측면에서 정의적인 요소보다는 합리성이 강조됨은 당연하다고 볼 수 있다.

구 분	MIS	ERP
소 비 자 의 식	획일화	다양화, 개성화, 인간화
업무처리형태	부분최적	전체최적
정 보 가 공	수치, 문자	이미지, 음성, 동화상
지 역	Local	Global
유 지 보 수	기능변경 곤란	수시변경 가능
D B	파일시스템	RDBMS
전 산 화 형 태	중앙집중식 Mainframe(Host-Terminal)	분산처리구조 Client - Server
시 간 개 념	Stock	Flow

ERP는 기본적으로 BPR(Business Process Reengineering : 업무흐름재설계) 사상을 그대로 시스템에 도입하고 있다. 즉, 단순한 업무의 개선측면에서 접근하는 것이 아니라 철저히 고객 지향적인 관점에서 기존 업무의 획기적인 혁명적 변화를 추구하게 된다.

기존에 일처리 방식으로 세계와의 경쟁을 하기 위해 경쟁기반을 조성하는데 어려움이 있다고 보고 전사적인 자원을 최대 효율적으로 관리하여 업무생산성을 극대화하자라는 것이 ERP 도입의 주된 목적이기 때문에 철저히 프로세스 중심적으로 접근되어야 자신의 회사에 적합한 ERP 제품을 선택할 수 있게 된다.

고객은 갈수록 다양화, 개성화, 인간화를 추구하고 있기 때문에 시시각각 변화되는 고객의 요구에 대응하기 위해서 제조업체들은 대량생산중심체제에서 다품종소량생산체제로 바꾸는 등 시스템의 유연성을 요구받기 시작했는데, 기존의 MIS시스템은 상황변화에 따른 대처능력이 매우 떨어지기 때문에 그 대안으로

ERP가 대두되고 있은 상황이다.

　기존의 MIS가 문자, 수치 등 텍스트 중심적이라고 한다면 ERP는 멀티미디어 환경에 적합한 시스템이라고 이해될 수 있으며, 구축 후 MIS가 유지보수에서 어려웠으나 ERP는 기능 업그레이드가 쉽게 이루어 질 수 있다는 장점을 지니고 있다.

　시간개념으로 보면 MIS가 데이터와 정보를 어느 한 순간에 처리(Batch처리)하는 방식인데 비해, ERP는 실시간으로 처리되고 때문에 언제 어느 때라도 정보와 데이터를 공유하고 처리할 수 있다.

MIS와 ERP의 비교

구　　분	MIS	ERP
업 무 범 위	단위업무	통합업무
일　　중　　심	Task	Process
일 가 치 기 준	내부 통제(상하관계 중시)	외부 중심(고객 지향적)
접 근 방 식	전산화, 자동화	경영혁신수단
의 사 결 정 방 식	Bottom-Up	Top-Down
생 산 자 원	물자, 자본, 인력(3M)	3M(정보, 지식, 시간)

BPR과 ERP

BPR Enabler로서의 ERP

1980년대 후반 미국을 중심으로 폭풍처럼 몰아닥친 경영혁신 운동이 BPR(Business Process Reengineering : 비즈니스 프로세스 리엔지니어링 또는 업무흐름재설계)이다.

BPR의 창시자로 알려진 미국의 마이클 해머(Michael Hammer) 박사가 주창한 BPR은 근본적으로 다시 생각하고(Fundmental rethink), 비즈니스 프로세스의 획기적인 재설계(radical redesign of business process)를 통해 비용, 품질, 시간을 혁신적으로 개선 시키자는 (to achieve dramatic improvement in cost, quality and speed)것으로 단순한 개선(Improvement)이 아닌 '혁명'(Revolution)적인 개념으로 정의하고 있다.

즉, 기업내의 모든 업무를 내부통제를 위한 단위 부서 일

(Task) 중심적으로 볼 것이 아니라 고객 지향적인 관점에서 프로세스(Process) 중심적으로 분석을 해보면 중복적이고 비부가가치적이며 낭비적인 일이 많이 발생하게 되는데, 이를 제거시켜 일의 능률을 올리자는 것이 그 핵심이다.

여기서 '일'이라는 개념을 가치가 발생하는 가치창조적인 일, 가치가 발생되지 않은 비부가가치적인 일, 오히려 안 하느니만 못하는 낭비적인 일, 중복적인 일 등으로 구분하여 프로세스의 개선을 비부가가치적이거나 낭비적인 일을 제거하고 가치창조적인 일을 지원하는데 초점을 맞추고 있다.

결국 BPR은 ▶고객 지향적인 조직 필요 ▶비부가가치적인 일 제거 ▶불필요한 데이터와 기능 ▶업무중복 ▶명확하지 않은 책임소재 ▶관리비용의 증가 등의 문제점을 해결하기 위한 수단으로 등장된 것이다.

Process

기업 내부의 고객과 외부의 고객에게 가치를 전달하는 전 과정

① 운영 프로세스
　최종고객에게 제품이나 서비스를 제공하기 위한 일련의 활동
　※예 : 제품개발, 고객의 구매행위, 생산, 배달, 주문관리, 애프터서비스 등
② 경영관리 프로세스

경영흐름의 기획, 관리, 통제 등과 관련된 일련의 활동

※예 : 성취도 관리, 정보관리, 자산관리, 인력관리, 기획, 예산분배, 재고관
　　리 등

※기업의 활동 : 연속된 PROCESS의 결합

BPR 이란?

- 작업의 흐름, 업무의 내용, 조직, 채용, 교육, 문화 등을 모두 포함
하는 비즈니스 시스템의 프로세스를 혁신적으로 재구축하는 것
- 경영성과 측정의 지표가 되는 주요 대상들을 획기적으로 관리
하기 위하여 기존의 비즈니스 프로세스를 근본적으로 파악하
여, 혁신적으로 재설계하는 활동 (Hammer & Champy)

마이클 해머의 BPR 수행원칙

정보는 발생지역에서 한번만 처리하라
업무 위주가 아닌 결과 위주로 경영·관리하라
업무 결과의 단순통합이 아닌 수평적 활동 자체를 연계시켜라
업무 수행되는 곳에서 의사결정을 하고 프로세스를 통제하라
프로세스의 결과를 사용하는 사람에게 프로세스를 수행하게 하라
지리적으로 분산되어 있는 자원을 집중되어 있는 것처럼 취급하라
정보처리 업무를 그 정보를 산출해내는 실제의 업무에 포함시켜라

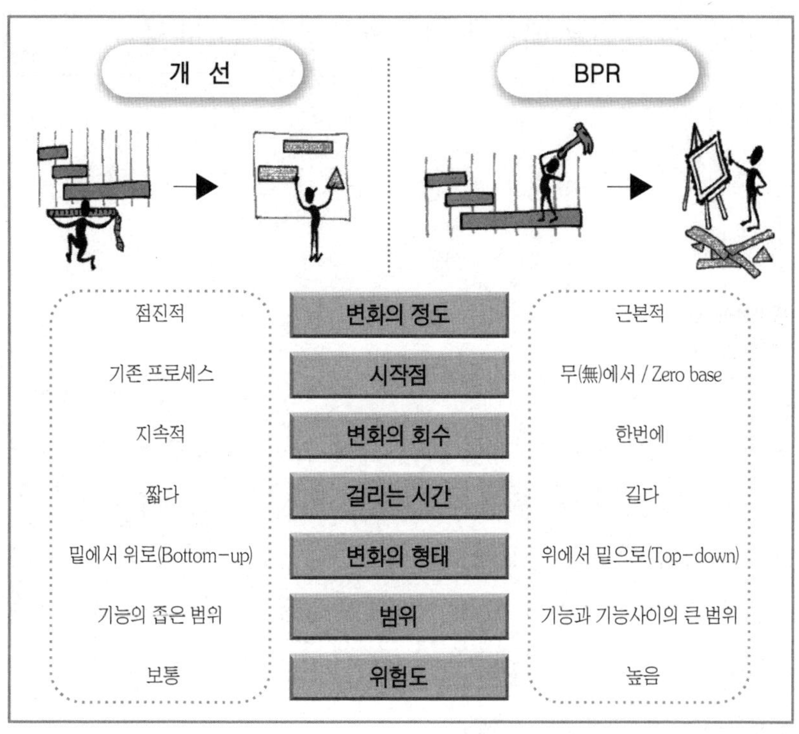

BPR의 사례

IBM Credit사

- 7일 이상의 총 소요시간이 4시간으로 줄어듦
- 처리되는 거래의 수는 100배 증가됨

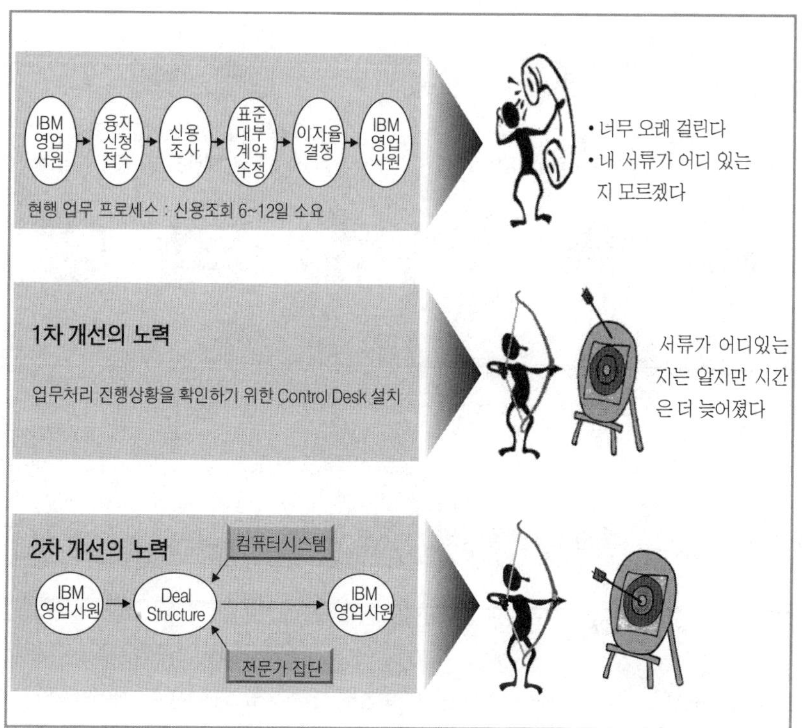

P&G사와 Wal-Mart사

- 소매업자는 더 적은 재고를 보유했고, 재고부족의 상황을 덜 겪게 됨
- 낮은 재고수준은 Wal-Mart 유통센터의 공간을 자유롭게 했고, 재고에 소요되는 소매업자의 운전자본을 줄여 줌

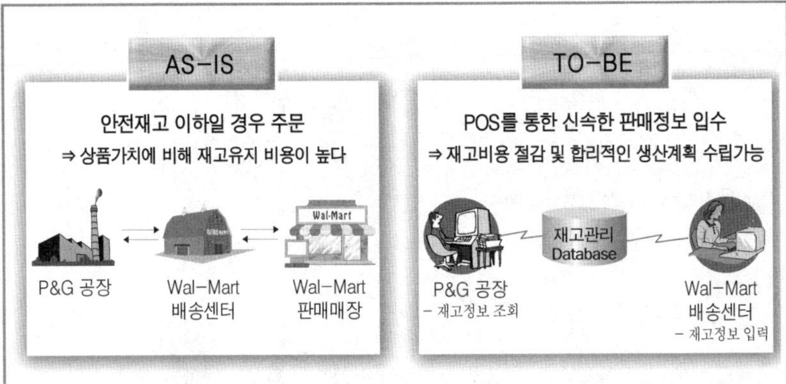

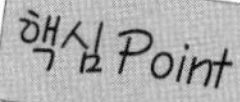

ERP는 BPR 사상(철학)을 그대로 지니고 있다

ERP는 BPR Enabler - 기업은 ERP시스템 구축을 통해 기존 업무 처리 방식을 획기적으로 개선하여 선진기업의 업무처리수준으로 향상시킬 수 있다. ERP는 결국 기존 업무프로세스를 획기적으로 개선하자는 개념

- 근본적으로 다시 생각 (Fundmental Rethink)
- 혁신적인 업무재설계 (Radical Redesign)

→

- 비용(Cost)
- 품질(Quality)
- 시간(Speed)
- 극적(Dramatic)으로 개선 (Improvement)하는 것

[BPR은 현재하고 있는 일을 개선하는 것이 아니라
처음부터 다시 시작하는 혁명적인 개념에서 출발한다]

PI(Process Innovation)

BPR의 핵심은 PI

BPR의 핵심은 PI(Process Innovation ; 프로세스 혁신)라고 할 수 있다.

즉, PI는 기능별(function) 또는 각 영업, 생산, 구매, 자재, 회계, 인사 등 각 단위 부서별 관점에서 보았을 때 문제시 안 되고 최적화되었던 것이 프로세스(업무의 흐름) 중심적으로 내다 보게 되면 반드시 중복적이거나 불필요한 낭비적인 일, 비부가치적인 일 등을 적출하는 활동이라 할 수 있다.

이러한 업무의 비효율을 초래하게 하는 일을 분석하여 과감하게 버리고 가치적인 일을 중심으로 최적의 프로세스를 구축하는 것이 PI의 핵심이다.

아울러 기존의 기능별, 부서별 조직구조가 내부통제 중심으로 업무의 비효율을 초래케되었는데 고객 지향적인 관점에서 보았을 때 이상적인 조직의 형태가 프로세스 중심적인 조직이라 할 수 있다.

기존에 조직 구성원들은 조직내 상사의 지시에 따라 순종하는 이른바 Task(과업) 중심적인 업무처리형태가 고객 지향적으로 바뀌게 되며, 모든 성과 역시 상사에 대한 충성심보다는 고객에 대한 만족도로 가늠하는 시스템으로 전환하고 있는 상황이다.

국내에서 PI를 선두적으로 도입했던 S사의 경우 PI를 추진하면서 우선 고려사항으로 ▲실제로 개혁하려면 기존의 업무 프로세스와 시스템을 의식하지 말고 원점에서 시작하라 ▲조직 변화 관리 방안을 수립하여 변화된 업무 환경에의 적응을 추진하고 지속적인 변화 목표달성을 위해 노력하라 ▲변화된 모습에 조기 적응 가능토록 현업 참여를 유도하고 신규 프로세스와 시스템에 대한 적응 교육이 지속적으로 진행 등을 설정하고 있다.

핵심 Point

- 실제로 개혁하려면 기존의 업무 프로세스와 시스템을 의식하지 말고 원점에서 시작하라
- 조직 변화 관리 방안을 수립하여 변화된 업무 환경에의 적응을 추진하고 지속적인 변화 목표달성을 위해 노력하라
- 변화된 모습에 조기 적응 가능토록 현업 참여를 유도하고, 신규 프로세스와 시스템에 대한 적응 교육이 지속적으로 진행되도록 하라

Part 03

왜 ERP인가?

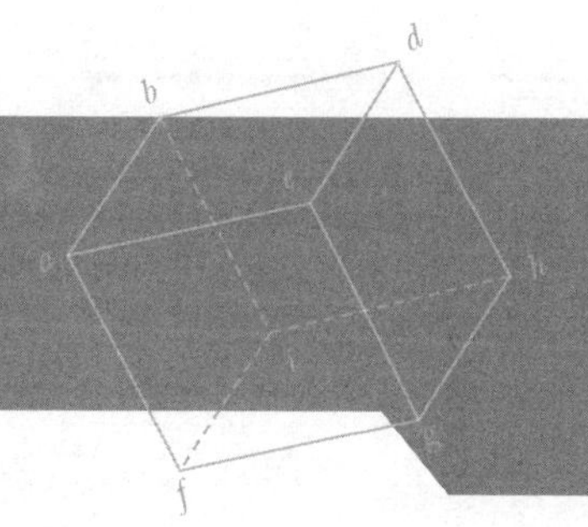

ERP는 업무용 소프트웨어로 선진 기업의 업무처리 프로세스가 내장되어 있기 때문에 기업은 ERP 도입을 통해 선진 기업의 업무처리방식을 도입할 수 있을 뿐만 아니라 글로벌 표준을 수용함으로써 글로벌 대응이 가능해진다. 아울러 전사 통합적으로 정보를 공유하고 실시간 업무를 처리할 수 있어 생산성 향상 및 스피드경영을 기대할 수 있게 된다.

통합정보시스템

기업체들이 ERP시스템을 도입하는 이유 가운데 가정 먼저 꼽을 수 있는 것은 뭐니뭐니해도 실시간(Real Time) 업무처리라고 할 수 있겠다. IT화를 적극 서두르는 가장 큰 이유가 IT화를 통한 업무 생산성 증대라 할 수 있다.

즉, 전사적으로 인적·물적자원의 최적관리를 시스템적으로 처리함으로써 최소의 투입으로 최대의 성과를 거두기 위한 체제로의 전환이 최대의 관심사안으로 부각된 것이다.

ERP의 가장 큰 장점이 통합데이터베이스 구축을 통한 전체 업무의 실시간 공유 및 활용이 가능한 시스템이라는 것이다.

ERP 도입을 통해 수주에서 출하까지 모든 업무프로세스에 대해 부서에 관계없이 조직내 모든 직원들이 실시간 접근이 가능해질 수 있다. 기존의 MIS(Management Information System : 경영정보시스템)가 각 단위 업무별로 개발되어 업무가 수행되다 보니 단위 업무별로는 최적화가 됐는지 몰라도 전체적인 최적화

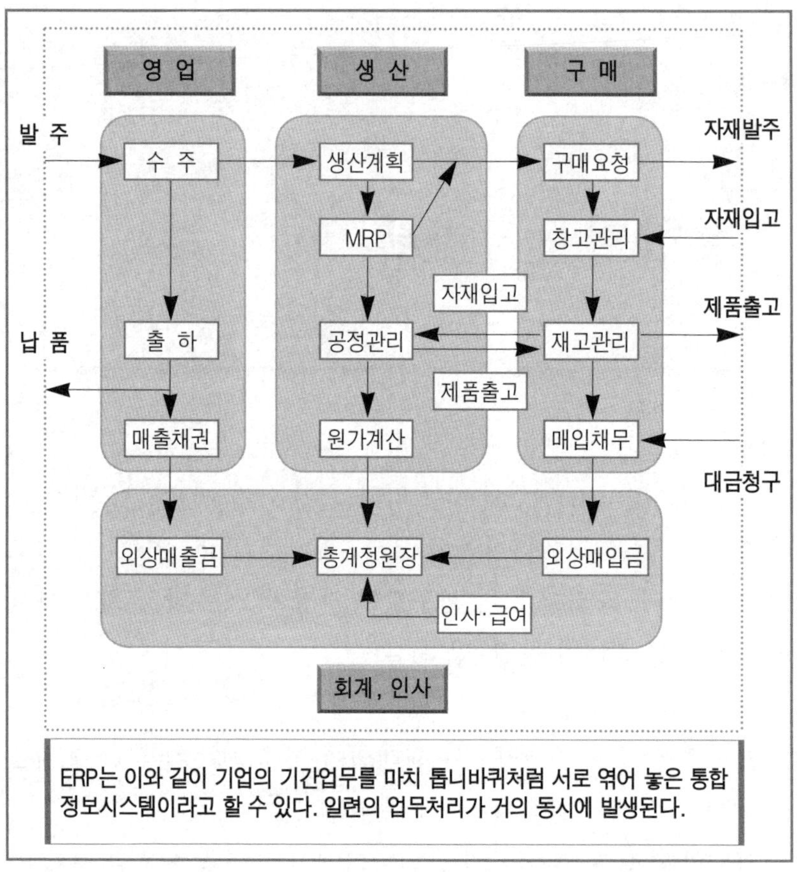

ERP는 이와 같이 기업의 기간업무를 마치 톱니바퀴처럼 서로 엮어 놓은 통합 정보시스템이라고 할 수 있다. 일련의 업무처리가 거의 동시에 발생된다.

를 구현시키지는 못했으나 ERP시스템은 첨단의 IT기술을 활용하여 회사내 전체 업무를 마치 하나의 업무처럼 통합시킬 뿐만 아니라 실시간으로 모든 업무를 거의 동시(Real Time)에 처리할 수 있도록 설계되어 있다.

예컨대 영업사원이 판촉활동 ⇒ 견적 ⇒ 주문을 통해 수주를 받게 되면 자재를 구매하여 생산 및 출하되기 까지 일련의 프로세스(업무흐름)를 ERP시스템 중심으로 알아보기로 하자.

먼저 영업사원이 고객으로부터 주문요청을 받았다고 가정해 보자. ERP시스템에서는 주문요청 사항에 대한 창고에 제품의 재고 여부를 시스템상에서 파악하여 즉각 납기일을 알려주게 되면서 오더를 신속히 확정지을 수 있다. 영업시스템에서 오더가 확정됨에 따라 생산시스템에서는 생산계획을 확정하고 자재관리시스템에서 재고사항을 파악한 후 부족한 자재는 구매시스템을 통해 자동발주에 되어 창고에 입고처리된다.

작업지시에 의해 생산 완료된 제품은 창고에 입고되어 영업시스템에서 발행된 주문서에 따라 출하 및 납품을 하게 된다. 아울러 자재 구매 시 매입채무가 제품 납품 시에는 매출채권이 자동적으로 회계시스템에 기록되게 되며 전표발행과 동시에 총계정원장에 자동으로 전기되어 수시로 회계정보를 알 수 있게 된다.

영업 중심

영업사원이 판촉활동을 통해 수주를 받음과 동시에 재고파악, 생산능력 점검, 신용한도 점검, 수익성 분석, 현금수지 예상 등 수주와 관련된 업무활동들이 처리되는 프로세스를 보여 주고 있다.

기존에는 이러한 일련의 과정이 단계별 또는 순차적으로 처리됐으나 ERP시스템에서는 한 번의 처리로 모든 과정이 실시간으로 처리케 된다.

업종에 따라 다소 다르기는 하지만 영업사원들이 가장 큰 애로를 겪게 되는 것은 영업활동에 필요한 정보가 즉시에 제공이 안 된다는 것이다. 정보와 시간과의 싸움을 거의 매일 치루어야 하는 영업부서 직원 입장에서 보면 고객의 요구에 대한 즉시 응대가 생명이라 할 정도이며, 갈수록 까다롭기만 한 고객의 입맛에 적절히 대응하지 않으면 다 잡은 고객을 빼앗기기 십상이다.

이에 따라 ERP시스템에서는 영업부 직원이 필요로 하는 정보 이를테면 재고정보, 가격정보, 생산정보 등 영업사원이 언제나 시스템을 통해 관련 정보에 즉시 접근하고 처리할 수 있도록 지원해주고 있다.

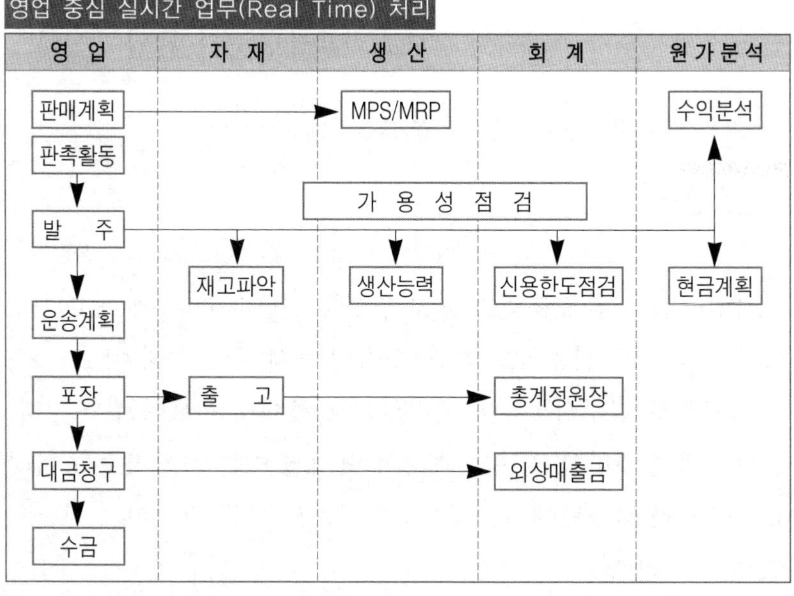

기존에는 영업사원이 견적서를 작성하는데 있어 적게는 수삼일에서 최대 수개월 이상 소요되는 등 조직내 의사결정을 도출해내는 데 오랜 시간이 소요되는 등 고객의 요구에 제때 대응을 못하는 경우가 비일비재했으며 어렵사리 작성된 견적서 역시 정확성, 신뢰성면에서 만족치 못하는 경우가 다반사였다.

특히 견적서 하나를 작성하기 위해 유관부서(자재, 생산, 품질, 기술개발 등)의 엄격(?)한 협조절차를 거쳐야 하는데, 이를 시스템적인 관점에서 보면 대부분 협조절차 과정의 업무들이 시스템적인 처리가 가능하다고 볼 수 있다. 기업체들이 ERP를 도입하려는 이유 가운데 하나가 고객의 요구에 즉각 대응할 수 있도록 하기 위한 시스템을 구축하기 위함이다.

자재 중심

자재관리 시스템에서 구매요청은 여러가지 경로를 통해 발생하게 되는데 예컨대 생산시스템에서 생산계획이나 MRP에 따라서 구매요청이 들어오기도 하고 또는 영업시스템에서 발주에 의해서 혹은 설비관리부분에서 유지보수 수요에 따라 구매요청이 발생하게 된다.

이렇게 발생된 구매요청은 시스템에 의해 자동발주 처리가 진행되게 되며, 이렇게 자동발주 처리된 것은 회계시스템에 자동처리되어 장부가 마감된다.

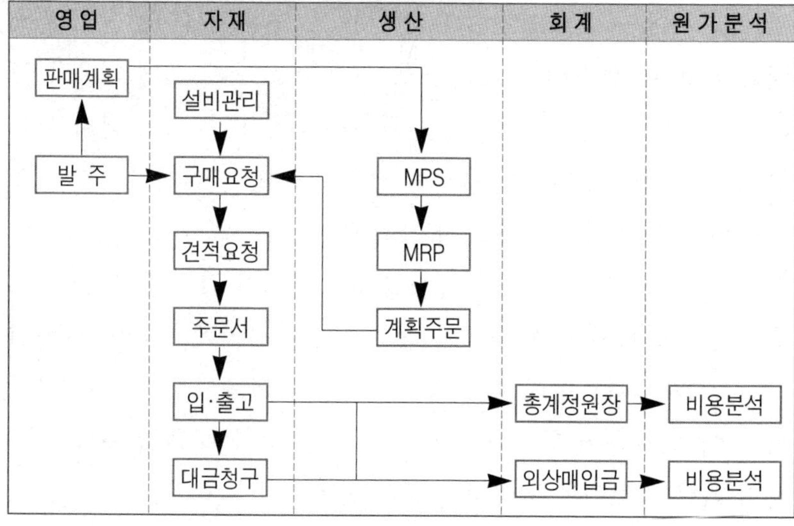

　이와 같이 구매과정을 시스템적으로 처리함에 따라 조달비용을 획기적으로 절감할 수 있으며, 아울러 조달시간 역시 크게 단축시킬 수 있게 된다. 구매조달과정의 불투명성(구매사원과 물품공급업체 직원과 결탁 등)으로 인해 회사의 폐해가 발생되기도 하지만 시스템적으로 처리하다 보면 구매과정의 투명성 제고로 공정한 경쟁을 유도하여 구매비용을 크게 낮출 수 있을 뿐만 아니라 양질의 물품을 공급 받을 수 있으며 구매리드타임(구매와 관련된 소요시간)를 크게 단축시킬 수 있게 된다.

부문에서 전체 최적으로

ERP시스템이 구축됨에 따라 회사는 전사적으로 실시간 정보를 공유하게 되며 실시간 업무를 처리할 수 있게 된다.

기존에 대부분 MIS시스템이 단위부서(또는 업무) 최적화를 지향하고 순차적인 업무처리 구조를 특징으로 한다면, ERP는 이와는 대조적으로 전체 최적화를 지향하면서 업무 프로세스의 획기적 개선에 따라 업무 생산성이 크게 향상된다.

회사내 모든 업무와 조직이 통합됨에 따라 어느 부서이던 간에 실시간(Real Time)으로 업무를 처리할 수 있게 된다.

아울러 Data를 관리했던 수준에서 정보(Information)를 관리하는 수준으로 업무가 선진화된다고 볼 수 있다.

결국 ERP를 도입함은 전사 통합데이터베이스를 구축한다고 이해해도 좋을 듯 싶다.

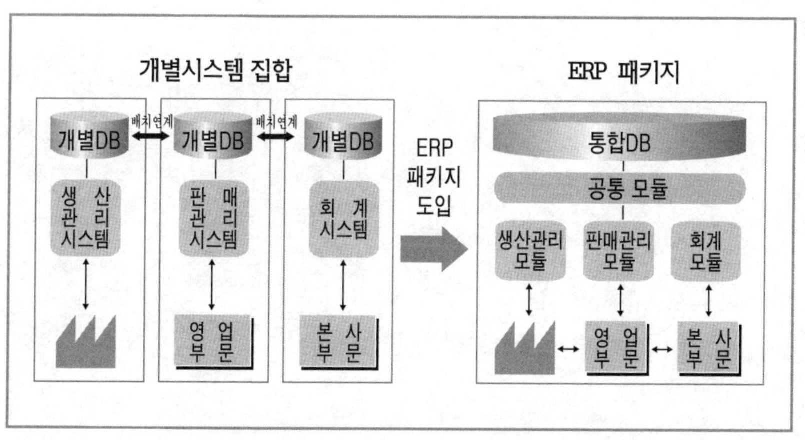

통합 정보 시스템

- 기능, 조직, 프로세스, IT통합

- 영업, 생산, 구매, 자재, 회계 등 전사 모든 업무

- 실시간(Real Time) 업무처리 가능

- 고객만족 시스템 구축

선진 프로세스(Best Practice)내장

ERP시스템이 주목을 끌 수 밖에 없는 이유 중에 하나는 ERP 패키지 내에 Best Practice라고 하는 선진 프로세스가 포함되어 있기 때문이다

무한경쟁체제에서 기업체들이 살아남기 위해서는 첨단의 경영기법을 동원하고 급변하는 경영환경에 대응하는 적절한 시스템이 필수적으로 요구된다. 즉, 현재 일하는 방식의 근본적 변화 즉, 선진 업무 프로세스의 도입으로 일류기업으로의 성장을 도모하기 위해서 ERP시스템 구축이 요구되는 상황이다.

기존의 기업 정보화, 기업 전산화라고 하면 MIS시스템 구축이라고 할 수 있는데, 이는 회사에서 현재 수행되고 있는 업무 그 자체를 IT자원을 활용하여 업무처리의 자동화, 전산화를 구현시켰다고 볼 수 있다. 즉, MIS시스템에서는 업무에 대한 노하우와 분석기법보다는 IT자원이 주도적인 역할을 하고 있는 실정이다.

그러나 ERP시스템은 전산화측면 보다는 업무개선 측면이 훨

씬 강하다. 선진 업무 프로세스에 대한 심도있는 분석이 선행되지 않고 첨단의 IT자원만을 활용해서는 절대로 ERP시스템을 구현시킬 수 없다는 얘기다.

선진 ERP 벤더사의 경우 선진 프로세스(Best Practice)만을 전문적으로 개발하는 인력이 수천 명을 웃돌고 있는데, 이들은 밥(빵) 먹고 하는 일이 각 업종별, 모듈별 세계에서 잘 나간다는 회사의 비즈니스 프로세스를 전문적으로 연구하여 최적의 프로세스 모델을 만드는 일을 한다. 예컨대 자동차업종의 경우 미국의 Big3라 지목받고 있는 포드, GM, 도요타 등 세계적인 자동차 회사의 선진 업무프로세스를 벤치마크하여 최상의 프로세스를 도출해낸다.

일반 자동차회사에서 경영컨설팅을 통해 선진의 자동차회사 업무처리방식을 도입한다는 것이 여간 힘든 상황이 아니라 설령 컨설팅을 활용한다 하더라도 ERP 벤더회사만큼 인력 및 기술의 동원은 거의 불가능한 일이라고 볼 수 있다.

결국 기업은 자사에 적합한 ERP를 제대로 선택한다면 이는 결국 최상의 경영컨설팅을 받고 동시에 첨단의 정보시스템을 구축할 수 있게 되는 효과를 거둘 수 있게 된다.

최근에 출시된 ERP제품은 각 업종(Industry)별로 특화되어 공급, 구축되고 있는 상황이다. 해당 업종에 특화된 솔루션의 선택으로 ERP와 같은 기성품을 도입하는데 따른 리스크를 최소화할 수 있으며, 선진의 비즈니스 모델을 제대로 도입하여 활용할 수 있게 된다.

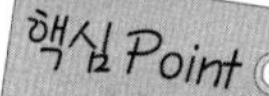

선진 프로세스의 내장

- 선진 업무시스템 구축 – ERP구축은 곧 '선진 업무 프로세스 도입'을 의미

- ERP는 전산화 수단이 아니고 경영혁신의 도구

- 산업별 선진 업무 프로세스 구현(IS : Industry Solution)

- 세계 초우량 기업 벤치 마킹

- 별도의 BPR 불필요

세계 각국의 ERP를 성공적으로 적용한 1,480개 회사를 대상으로 조사한 일반적인 기대 효과

BPR 실행

기업체들은 제각각 해당 업종의 경영환경, 정보기술환경 변화 및 업무의 특수성을 감안하여 최적의 정보시스템 구축을 지향하고 있다. 동종 유사 업종의 성공사례를 벤치마크 대상으로 삼고 선두업체를 따라가는 경우가 일반적이다.

국내의 경우 전자, 반도체, 통신, 전기 등 첨단업종의 경우 ERP와 같은 패키지 소프트웨어의 선호가 커지고 있으며 공공, 금융 등 특수한 업종은 ERP와 같은 패키지가 잘 맞지 않아 해당 기관에 적합하게 시스템을 개발, 구축하게 된다.

시스템개발의 경우에도 자체 정보자원이 충분하면 자체적으로 시스템 분석, 설계, 구축, 구현 등 전 과정을 해결할 수도 있지만 효율성 차원에서 아웃소싱(외주개발)이 일반적이다.

아무튼 패키지 소프트웨어이든 개발이든 시스템 구축에 앞서 BPR과정이 있게 마련이다. BPR를 통해 조직의 현황 및 문제점을 파악하고 향후 개선되어야 될 방향 및 프로세스가 정해지게 된다. 이러한 BPR를 통한 결과를 시스템 구축에 적용하게 된다.

과거에는 내부 또는 외부 개발로 시스템을 구축했으나 최근들어 ERP와 같은 패키지에 대한 이해가 증진되고 검증 및 신뢰도가 높아짐에 따라 개발방식보다는 패키지 도입으로 방향이 선회되고 있다. 특히「전통산업의 IT화 = e-Business화」라고 등식화할 수 있으며 e-Business가 대부분 솔루션 베이스(Solution Based)로 진행되기 때문에 향후 확장성을 고려하여 패키지 중심으로 기업 정보화가 추진되고 있는 양상이다.

첨단 IT(Information Technology) 활용

최근 들어와서 경영환경뿐 아니라 정보기술(IT)이 급변하고 첨단기술이 속출함에 따라 기업체들이 이러한 변화에 대응한 시스템을 제때에 구현시키기 위해서는 엄청난 댓가를 치루고 난 후에나 가능할 뿐더러 새로운 시스템 역시 구축하고 나면 바로 노후된 시스템으로 전락되고 만다.

기존의 MIS(경영정보시스템)는 일대 변혁의 기로에 처하게 됐는데 예컨대 첨단의 IT를 활용하고 유연성, 확장성이 높은 패키지에 대한 선호도가 높아지게 됐으며 이와 때를 맞추어 등장한 대표적 산업용 패키지(Package) 소프트웨어(Software)가 바로 ERP시스템이다.

1990년대 들어 전산시스템 환경이 기존의 중앙집중처리 방식인 Mainframe 환경에서 분산처리방식의 클라이언트 서버(Client Server : C/S)시스템으로 바뀌게 됐는데, 이는 업무처리가 복잡해지고 방대해질 뿐만 아니라 신속한 처리가 요구되면서 대형 컴퓨터에 부하가 심하게 걸리면서 중앙 집중식 처리방식이 한계에 직면 했기 때문으로 분석되고 있다.

ERP시스템은 기본적으로 C/S구조 또는 WEB 기반, NET 기반, 클라우드 기반의 사용자 환경의 컴퓨팅 (EUC : End User Computing)이 가능토록 설계되어 있다. 또한 ERP는 시스템의 유연성과 재사용성(Reusable)을 최대로 보장한 객체지향기술 (OOT : Object Oriented Technology)과 고기능성 산업용 소프트웨어 개발언어(Language)라고 불리우는 4세대 언어 (Generation Language)인 Visual Basic, Power builder, Delphi, C++, JAVA 등을 활용하여 사용자 중심의 컴퓨팅 환경으로 조성시켰으며 소프트웨어의 재사용성이 더욱 강조되고 있다.

핵심 Point

첨단IT 활용

- 클라이언트 /서버 : 분산 처리 기술 발달
- DBMS를 통한 데이터 통합 및 강력한 개방성
- 4GL 등장 : Visual Basic, Delphi, Powerbuilder, JAVA 등
- OOT(객체지향기술) 발전

비용절감, 신속한 구축

'ERP시스템을 도입하는 데 엄청난 비용이 든다' 라는 말은 일반적으로 알려진 사실이다. 물론 ERP시스템을 일시에 도입하는 비용을 계산하면 기존 MIS개발방식보다 더욱 큰 비용이 드는 경우가 많은 것이 현실이다.

그러나 중장기적인 관점에서 보면 오히려 ERP시스템이 MIS 개발방식에 비해 비용이 적게 든다고 말할 수 있다.

MIS의 경우 BPR비용, 외주용역개발비용 또는 자체 전산자원 운용비용과 함께 유지보수비용뿐만 아니라 급변하는 IT 및 경영 환경의 변화에 맞추어 수시로 또 새로운 시스템을 구축하기 위해 막대한 비용을 투자하여 전산자원을 유지해야 하는 부담을 안아야 한다.

일반적으로 시스템 분석에서 구축하기까지 기간이 최소 1년 이상 걸리는 상황이기 때문에 효율적인 시스템 구축이 제대로 안 되는 경우가 자주 발생하고 있는 상황이다.

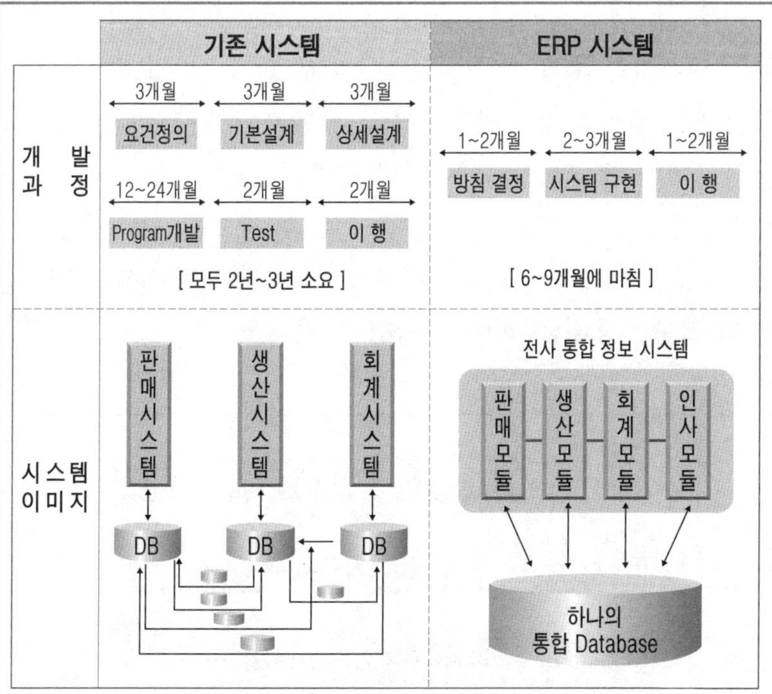

• ERP는 기성복 개념으로 단기간에 전사 통합정보시스템을 구축할 수 있다. 기성복이기 때문에 소매 또는 바지기장 정도 간단한 수선만 해야지 어깨, 허리, 폼 등 상당 부분 수선을 해야 한다면 기성복으로서 의미가 없음을 명심해야 한다.

즉, 패키지를 거의 수정 (Customizing) 없이 수용해야 한다는 것이다.

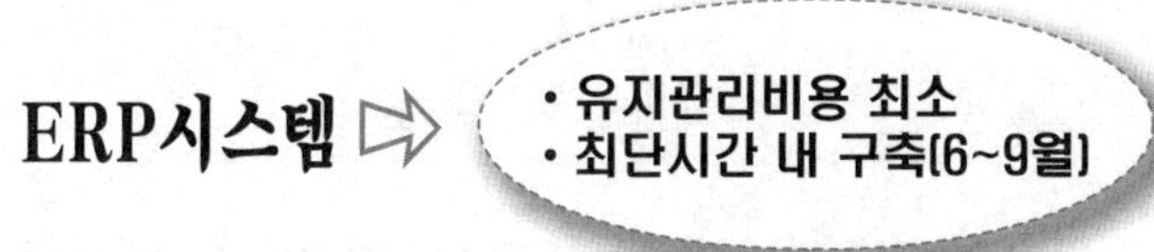

ERP시스템을 구축하게 되면 초기 투자비용(패키지, 컨설팅)을 제외하고는 추가 부담이 MIS에 비해 적게 든다고 할 수 있다. 이를테면 ERP의 경우에는 구축하는 기간이 6~12개월 정도 소요되고 있는데, 최근에는 이러한 구축기간 역시 단축되고 있는 상황이다.

중소업체의 경우 구축하는데 소요기간이 3개월 정도로 단기간에 전사 통합정보시스템을 구축할 수 있다.

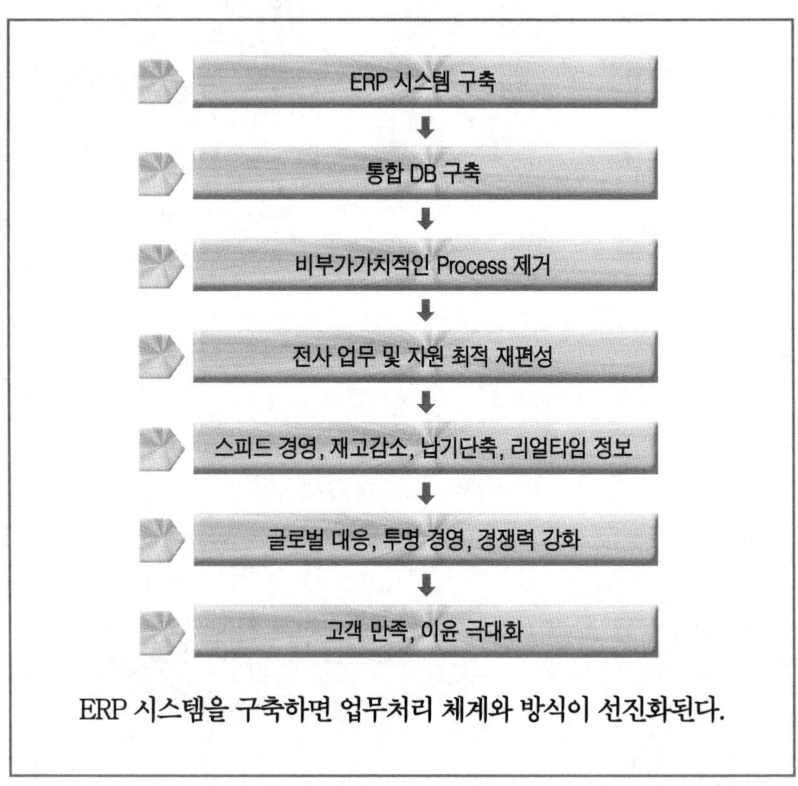

ERP 시스템을 구축하면 업무처리 체계와 방식이 선진화된다.

ERP 도입으로 예상되는 효과 22가지

- 통합 업무 시스템 구축(전사 실시간 업무처리)
- 재고 물류 비용 감소(재고감소, 장부재고와 실물재고 일치)
- 고객 서비스 개선
- 수익성 개선(부서별, 사업장별 손익관리의 명확화)
- 생산성 향상
- 매출 증대
- 비즈니스 프로세스 혁신(PI)
- 생산 계획 소요기간 단축
- 각종 리드타임 감소
- 결산작업의 단축
- 자금관리 개선(채권관리)
- 작업의 효율화(이중작업방지, 데이터 정확성, 자료의 일관성)
- 조기 경보 체제 구축
- 원가절감(부품 및 자재조달 비용 감소)
- 투명한 경영
- 표준화, 단순화, 코드화
- Cycle Time단축
- 정보 마인드 확산
- 최신 IT(정보기술) 도입
- 사용자 중심의 컴퓨팅 환경으로 전환(Text에서 Graphic구조의 업무환경)
- 정보시스템 유지비용으로 감축
- 글로벌 대응(글로벌 표준 프로세스 채택)

오픈시스템 (Open System)

최근 들어 국내 기업체들은 e-Business화를 이 시대 최대의 미덕으로 삼고 총력을 기울이고 있다. 그러나 e-Business가 제 가닥을 잡기도 전에 e-Business의 무용론, 회의론이 성급하게 튀어나오고 있는 상황이다. 이는 결국 e-Business에 대한 정확하고 올바른 인식 없이 유행병처럼 쫓아가기 때문으로 이해된다. 가장 대표적인 e-Business의 실패사례는 내·외부 업무가 따로 따로 운영된다는 것이다.

즉, 단일 시스템에 의한 통합(Integration)이 안 되는 상황에서 효율성, 생산성을 따진다는 것이 무의미하다 할 정도이다.

내부업무간의 통합은 물론 대외업무간 통합이 되기 위해서는 내부 기간업무시스템이 확장성, 호환성, 연계성을 충분히 갖고 있어야 한다.

현실적으로 대부분 조직에서의 업무 가운데 80~90%가 정형화된 기간업무 보다는 문서작성 및 결재 등 비정화된 업무로 분석되고 있다. 각 조직에서는 이렇게 정형화된 업무와 비정형된 업무의 연계가 필요하다고 보고 ERP와 같은 기간업무시스템을 도입하면서 기존에 의사소통 및 정보공유를 원활히 하기 위해 사용하고 있는 그룹웨어(Groupware)와 연동 문제가 ERP 도입 시 대두되는 핵심 이슈사항이다.

그런데 ERP와 그룹웨어의 연동처리가 안 되는 경우가 많이 발생되고 있으며 KMS, EC, CRM, SCM 등 여타 e-Business 솔루션과의 연동이 필수적인 사항으로 인식되고 있는 실정이다.

ERP는 이렇게 시스템의 확장이나 연계, 호환을 위한 기능적, 기술적인 요건을 갖추고 있기 때문에 e-Business화를 꿈꾸고 있는 조직들은 가장 먼저 내부기간업무를 오픈된 시스템으로 갖춰 놓으려는 노력에 박차를 가하고 있는 가운데 ERP가 대안으로 부상된 것이다.

Part 04

ERP시장 현황 및 전망

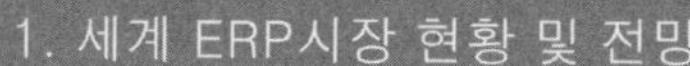

1. 세계 ERP시장 현황 및 전망
2. 국내 ERP시장 현황 및 전망
3. 중소기업 ERP도입 현황

세계 ERP 시장 현황 및 전망

정보통신산업진흥원이 발간한 소프트웨어산업 연간보고서 (2013년)에 따르면 2015년 세계 ERP 시장 규모는 약 509억 달러, 2017년에는 576억 달러에 이를 것으로 예상하고 있다. 이처럼 ERP 시장은 2012년에 207억 달러 규모였던 매출 규모가 꾸준한 성장세를 시현하고 있는 것이다.

세계 ERP 시장 규모

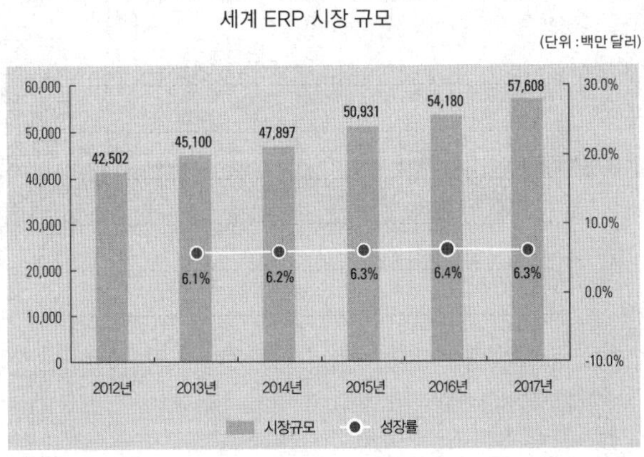

주) SW라이선스 기준
자료 : IDC (2013. 5)

세계적인 IT 정보분석업체인 가트너(Gartner, Inc.)에 따르면 글로벌 ERP 마켓에서 주도하고 있는 업체는 독일의 SAP이 지속적인 성장을 나타내면서 독주를 계속하고 있는 가운데 빅5업체가 전체 시장의 53% 이상을 점유하면서 업계를 리딩하고 있는 것으로 나타났다. 글로벌 경영성과 및 재무관리 솔루션의 시장점유율은 SAP(25%), Oracle(12%), Sage(6%), Infor(6%), Microsoft(5%) 등으로 집계되었으며, SAP의 경우 총매출이 60억 달러를 넘어선 것으로 알려졌다.

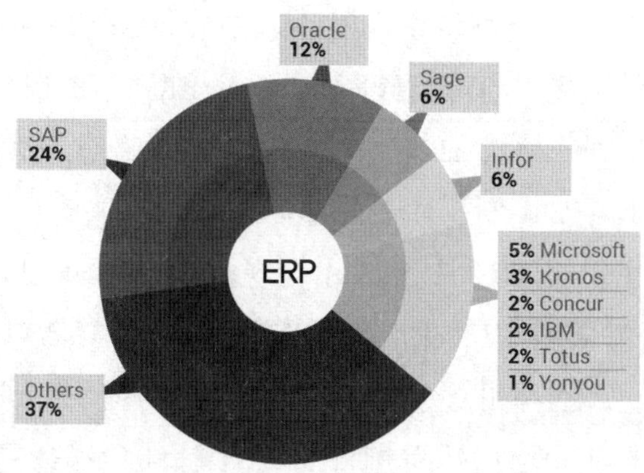

자료 : Gartner, Inc. 2013

세계 최대의 ERP 업체인 SAP은 자사의 인메모리(In-memory) 데이터베이스인 '하나'(HANA)를 기반으로 데이터 모델, UX, 의사결정이나 비즈니스 프로세스의 간소화를 실현하고 사물인터넷, 빅데이터, 비즈니스 네트워크, 모바일 퍼스트 등

83

으로 최근의 IT 환경을 내부적으로 더욱 단순화시키고 대응할 수 있는 S/4HANA를 보급하면서 시장을 선도하고 있다. S/4HANA는 단일화된 수집 정보를 바탕으로 하나의 시스템 내에서 실시간으로 계획, 실행, 예측뿐만 아니라 시뮬레이션 및 분석에 이르는 과정을 구현하면서 기업의 디지털 비즈니스 환경을 지원하는 핵심 프레임워크로서 기능을 수행한다.

그리고 미국의 Oracle은 E-Business Suite, JD. 에드워즈에 이어 ERP 시스템을 더욱 단순화하며, 최신의 비즈니스 환경에 적합하도록 현대화시킨 ERP 클라우드를 통해 기업 조직의 역량을 강화하고 한층 스마트하게 업무를 수행할 수 있도록 하여 생산성 향상을 실현시킨다. 클라우드 기반 ERP 시스템은 기존에 구축된 구형 시스템의 교체 주기와 맞물리고 소셜, 모바일 등과 같은 최근의 비즈니스 환경 변화에 대응하기 위해 빠른 구축과정과 함께 비용을 절감할 수 있고 유연성 등이 뛰어난 장점이 있어 ERP벤더들이 클라우드 기반으로 방향을 전환하고 있다. 오라클 ERP 클라우드는 서비스형 소프트웨어(SaaS)에 기반으로 개발되었으며, 효과적인 내부 통제와 내장된 분석 역량을 통해 신속한 정보 접근이 가능하고, 통합 공급망 관리, 상호적인 리포팅과 대시보드 등을 지원한다.

Sage는 ERP X3, 300 ERP를 중심으로 시스템 구축기간을 줄이고 큰 비용 없이 중견기업이나 글로벌기업에 적합한 환경을 제공하면서 유저 중심의 모바일 인터페이스를 제공하는 것이 특징이다. Microsoft Dynamics ERP는 중소기업이나 중견기업 등의 기업 규모에 맞춰진 솔루션으로 글로벌 경영환경을 지원하면서 MS오피스와 같은 UI로 실무자에게 익숙한 사용 환경을 제공한다.

ERP 벤더들은 급변하는 기업 비즈니스 환경에 적응하기 위해 재디자인 및 기술 개발 등에 적극 대처하고 있다. 쉽게 표현하자면 기존의 ERP 방식에서 내외부의 업무 프로세스 변화에 유연하고 신속하게 대처할 수 있도록 '통합과 확장'의 기능을 강화하고 단순화, 명료화, 모바일화를 추진하는 추세이다. 결론적으로 기존 ERP 시스템은 변화되고 있으며, 차세대 ERP로 가고 있다고 볼 수 있겠다. 즉, 특정 분야를 통합하여 보다 효율성을 높이고 기업 전체 IT 예산을 절약할 수 있도록 보다 포괄적인 ERP 시스템으로 변하여 가고 있다. 현재 SAP, 오라클 등의 여러 벤더들이 차세대 ERP에 필요한 많은 요소들을 제공하고 있지만, 짧은 시간 안에 기업 경영에 최적화된 모든 것을 완벽하게 갖춘 하나의 통합된 솔루션을 제공하기가 그리 쉽지는 않다. 하지만 이러한 목표를 달성하기 위하여 많은 벤더들이 차세대 ERP 시스템 개발에 노력을 가속화 하고 있다.

국내 ERP시장 현황 및 전망

도입기

국내에서 처음으로 ERP를 도입한 기업은 삼성전자이다. 삼성전자가 1994년 세계 ERP 공급업체 가운데 선두주자인 독일의 SAP사 패키지인 R/3를 구축한 것을 시작으로 삼성SDI, 삼성중공업, 삼성SDS 등 삼성그룹 계열사들이 R/3를 계속적으로 도입했으며 이는 다른 기업에도 영향을 주었다. 현대그룹, LG그룹이 미국 ERP사인 오라클의 Oracle Applicatio ns 패키지를, 한국중공업(현 두산중공업)은 네덜란드 ERP벤더인 Baan사의 제품인 Baan, 한화그룹은 미국 SSA사의 BPCS패키지를 각각 시범적으로 구축한 바 있다.

이와 같이 국내에서 삼성 등 그룹계열사들을 중심으로 시범적으로 외산 ERP 패키지를 도입하게 됐는데, 대부분 처음에 도입한 회사들이 시행착오를 많이 겪어야만 했다. 우선 외산 패키지들의 경우 외국의 선진 업무 프로세스(Best Practice)들이 구현되어 있는 데, 이러한 선진 업무 프로세스들이 국내 기업의 프로세스와는 워낙 차이가 크기 때문에 ERP 구축(Implementation) 시 As-Is(현 업무상태)와 To-Be(ERP 패키지 프로세스)와의 갭(Gap)을 줄이는 문제가 ERP 구축의 가장 큰 걸림돌로 작용됐다.

이러한 갭을 줄여 패키지 중심으로 성공적인 ERP시스템을 구축하게 하는 것이 바로 ERP 컨설턴트들의 몫인데, 컨설턴트들 대부분이 외국인이어서 언어도 제대로 통하지 않을 뿐만 아니라 사고방식, 문화, 행동양식 등에서 다른 점이 많아 프로젝트 진행에 상당한 어려움을 겪어야만 했었다. 이러다 보니 ERP 프로젝트 기간이 길어지게 되고 이에 따라 도입 업체들은 컨설팅에 엄청난 비용을 지출해야 하는 등 2중, 3중고를 겪어야만 했었다. 이러한 혼란기를 거치면서 1997년부터 외산 패키지들을 도입·구축한 기업체들이 각종 세미나를 통해 레퍼런스 사이트(Referrence Site)의 역할을 하게 되면서 ERP 도입의 붐이 일기 시작했다. 그러나 1997년 말 외환 위기로 IMF 체제로 돌입하면서 ERP 열기가 잠시 식게 되었다.

성장기

기업체들의 구조조정이 어느 정도 마무리된 1998년 하반기 이후 ERP 도입이 본격화되기 시작하여 국내 ERP시장은 서서히 달아오르기 시작하면서 성장기를 맞게 됐다. 오랜기간 동안 ERP 도입을 검토한 기업체들이 ERP 패키지를 선정, 계약하고 본격적인 구축작업에 나선 것이다. 특히 대기업 중심으로 도입된 ERP 시장에 커다란 판도의 변화가 일어나기 시작했다. 중견기업 및 중소업체들이 ERP 도입에 적극적인 의욕을 보였기 때문이다.

이에 따라 그동안 외산 패키지에 비해 기능·기술면에서 떨어진 국산 ERP 패키지들이 부상하기 시작하였으며, 특히 국산 ERP의 성공적인 구축사례가 발표되면서 1998년 하반기 이후 중소업체를 중심으로 국산 ERP 도입이 활발히 추진되었다. 1999년 들어서자마자 삼성SDS, 영림원소프트랩, 한국하이네트 등 국산 ERP공급업체들은 20여 개사의 기업체들과 잇달아 계약을 성사하는 등 ERP 열풍이 불게 되었다.

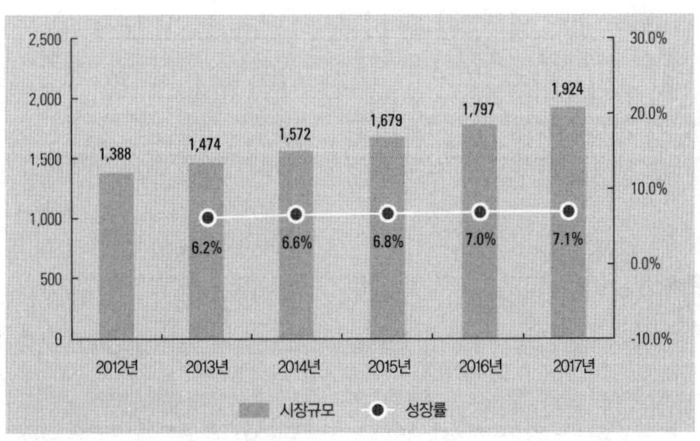

국내 ERP 시장 규모

주) SW라이선스 기준
자료 : IDC (2013. 5)

한편 대학에서도 산업공학과, 경영학과 중심으로 ERP를 별도의 정식과목으로 채택하였고, 국민대학교는 SAP와 공동으로 국내선 처음으로 ERP로 석사학위 과정을 개설하고 1999년 3월부터 운영에 들어가는 등 대학에서도 ERP에 대한 연구가 활발해졌다.

성숙기

ERP가 기업의 IT 인프라라는 인식이 확산되면서 전통 제조업체들이 e-Transformation 차원에서 e-Business화를 적극 추진하는 과정에서 기업의 근간이 되는 솔루션으로 ERP를 도입하기 시작하였다. ERP를 이미 도입한 기업 또는 구축 중에 있는 기업의 경우 CRM, SCM 같은 확장 ERP 개념의 ERP II에 대한 요구도 차츰 증대되었다. 적용 산업의 경우도 기존 제조업 중심에서 정부나 공공부문, 금융과 통신, 유통 등 전 업종으로 확산되었으며, 적용한 기업 규모 역시 대기업에서 중견, 중소기업으로 활발하게 ERP 구축이 가속화되었다.

특히 정부의 3만개 중소기업 IT화 사업에 힘입어 중소기업체들이 대거 ERP를 도입하면서 국산 ERP 솔루션 벤더사들이 우후죽순격으로 증가하였다. 국내에 진출한 SAP, Oracle사 등 외국 ERP 솔루션 벤더사들의 경우 국내 그룹사 또는 대기업의 ERP시장이 이미 포화상태임을 인식하고 중견·중소기업을 적극 공략하기 위한 전략을 구사하고 국내 ERP업체들과의 경쟁력을 강화시켜 나갔다.

한편 2002년 이후부터는 부분적으로 ERP를 도입했거나 오래전에 구축한 기업의 경우 전사적으로 또는 업그레이드 차원에서 재구축이 진행되었다. 또한 대기업이나 중견기업의 경우 해외법인·해외사업장과 본사 시스템의 연계로 전사 통합 관리를 위한 ERP 도입이 더욱 활발해졌다. SAP코리아, 한국오라클 등 국내에 활동 중인 외산 ERP업체들은 대기업 중심에서 공공, 통신, 금융 등의 대규모 ERP 시장을 타깃으로 성장세를 지속하였지만 중견·중소기업의 ERP시장 진출은 난항을 겪었다. 이는 외산 ERP가 국내 중견·중소기업의 업무 관행이나 기업문화 등에서 큰 차이를 보였기 때문이다. 실제로 외산 ERP 제품은 가격과 규모 면에서 대기업에 맞도록 설계됐다. 국내 중소·중견기업에 맞게 커스트마이징을 하면서 영업하기에는 수지타산이 맞지 않는다는 얘기다.

특히 국내 기업문화나 조직문화 등에 맞춰 설계되고 개발되지 않았다. ERP의 핵심 기능인 인사, 회계, 원가 모듈 등이 국내 기업문화에는 맞지 않는 것이 흠으로 지적되었기 때문이다. 하지만 최근에는 SAP와 오라클은 기존 구축 비용의 절반 수준으로 한국 비즈니스 환경과 글로벌 비즈니스 플랫폼을 아우르는 중견·중소기업 ERP를 구축할 수 있는 솔루션을 속속 출시하면서 이 시장을 공략하고 있다

그리고 삼성SDS, 더존비즈온, 한국하이네트, 영림원소프트랩

등 선두그룹을 형성한 국산 ERP 업체들도 중소·중견기업에 대
한 영업을 강화했다. 삼성SDS는 1989년에 「UNIERP」 제품을
국내 처음으로 개발하여 주로 삼성 계열사를 중심으로 시장을 확
대해 나갔으며, 중국, 일본 등 해외진출을 위한 발판으로
「UNIERPII」와 「UNIERP」 라이트 버전을 출시하였다. 2011년에
삼성SDS에서 UNIERP사업이 분사되어 비젠트로가 맡고 있는
데, 사용자의 편의성과 분석기능이 강화된 솔루션으로 UNIERP
기본 모듈에 확장솔루션과 협업솔루션을 제공하고 있다.

맞춤형 ERP

ERP 도입의 성패는 커스터마이징에 달렸다 해도 지나친 말이
아닐 정도로 ERP 구축과 관련해 어느 정도 패키지 소프트웨어를
수정했는지가 지대한 관심거리다. 일반적으로 ERP 도입 실패의
주요 원인이 커스터마이징이 컸기 때문으로 나타나고 있다. 이는
ERP가 패키지 소프트웨어로서 기본 개념이 소프트웨어 기능 및
프로세스의 수용을 전제로 하기 때문이다.

기업 정보화의 핵심인 ERP가 실제 해당 기업에서 도입 효과를
거두기 위해서는 기업의 업무재설계(BPR)는 물론 전체적인 조
직문화까지 변화시키는 방대한 조치들이 필요하며 또한 특정
ERP 패키지를 도입하더라도 산업과 업종별 특성에 최적화된 이
른바 커스터마이징(customizing)이 선행돼야 한다. 그러나 기업

입장에서 이같은 일을 감당하기는 많은 인력과 시간이 필요하며, 이를 등한시할 경우 자칫 ERP를 도입하고도 제대로 사용하지 못하는 낭비를 가져올 수 있다.

이같은 부작용을 최소화기 위해 정부는 2002년부터 업종별 ERP 템플릿 개발사업을 추진하였다. 업종별 ERP 템플릿이란 말 그대로 특정 업종의 업무처리와 연관업무의 흐름을 정형화해 이를 ERP에서 구현하도록 하는 것으로 '업종별 특화 ERP'의 기반으로 보면 된다. 정부가 본격적인 중소기업 경쟁력 강화를 위한 ERP 보급을 추진하면서 그 구축과정에서 필요한 ERP 템플릿 개발이 전제되었기 때문이다. 이를 위해 업종별 ERP 템플릿 개발사업자로 12개 업종에 13개 컨소시엄을 선정했었다.

업종별 ERP 템플릿 개발사업은 범용적인 ERP 개발·보급을 지양하고 해당 업종의 세부분야별 특성, 표준 프로세스와 우수 사례를 도출해 이를 템플릿 형식으로 ERP에 반영하는 것을 목표로 한다. 이를 통해 중소기업의 ERP 구축과정에서 50~60%를 차지하는 컨설팅·커스터마이징 비용을 대폭 절감하고 ERP를 통한 실질적인 경영혁신을 거둘 수 있는 효과를 거둔다는 취지였다. 그리고 정부는 제조·인사·물류·재무 등 기존 ERP에 공급망관리(SCM)와 고객관계관리(CRM) 기능을 추가하는 협업적 IT화 사업도 추진하였다.

최근에는 국내 중소기업들의 클라우드 ERP에 대한 인식이 바뀌면서 국산 ERP 업체들이 빠르게 클라우드 환경으로의 전환을 가속화하고 있다. 지금까지 국내시장은 서비스형 인프라(IaaS)

에 치중돼 있는 상태지만 서비스형 소프트웨어(SaaS)의 도입이 활발해지면서 클라우드 환경으로의 전환이 불가피하다. 또한 최근 기업 비즈니스 환경은 스마트한 모바일 오피스를 통한 실시간 업무 수행과 경영 효율화 추구, 최적의 자원관리, 협업과 정보 공유가 필요하기 때문에 비용 절감과 함께 민첩성과 유연성에 바탕을 둔 신규 플랫폼으로 갈아타는 추세이다.

중소기업 ERP도입 현황

산업통상자원부 보도자료에 따르면 중소기업들이 전사적자원관리시스템(ERP) 도입 시 고객납기 응답기간, 재고보유기간, 월차마감기간의 단축과 종업원 1인당 매출액의 증가 등 도입효과가 막대한 것으로 나타났다. 정부가 ERP를 도입·활용 중인 124개 국내 중소기업에 대한 조사를 거쳐 발표한 「중소기업의 ERP 도입효과 분석」 자료에 따르면 도입 전에 비하여 고객납기응답기간이 10.5일(평균)에서 6.6일로 36.8%, 재고보유기간이 35.9일분에서 20.4일분으로 43.3%, 월차마감기간이 16.2일에서 5.6

중소기업의 ERP 도입 효과

구 분	ERP 도입 효과 (도입전 대비)			
	고객납기 응답기간	재고보유 기간	월차마감 기간	1인당 매출액
단축기간 (증감율)	4일 (37% 감소)	15일 (43% 감소)	11일 (66% 감소)	69백만원 (34% 증가)

일로 65.5%가 단축되고, 종업원 1인당 매출액은 2.0억원에서 2.7억원으로 34.3%가 증가하였으며, 업종이나 기업규모에 관계없이 모두 큰 효과를 본 것으로 나타나고 있다.

또한, 중소기업의 ERP 도입 시 구축기간은 평균 6개월, 도입비용은 1억41백만원이 소요되었으며, 비용내역별로는 H/W 21%, S/W 패키지 35%인 반면, 교육·컨설팅·커스터마이징이 44%로 절반정도를 차지한 것으로 나타났는데, 이는 ERP시스템을 구축하는 데 컨설팅이 매우 중요함을 반영해주기도 한다.

예컨대 기업체 직원들이 새로운 시스템에 적응하려는 의지가 약하며 기존의 업무관행을 답습하고 사용에 익숙한 기존시스템을 고집하는 경우가 일반적이기 때문에 ERP와 같은 혁신적인 프로젝트를 진행하면서 변화에 따른 저항을 최소화하기 위해서는 컨설팅 및 교육에 대한 중요성은 아무리 강조해도 지나침이 없을 정도이다.

중소기업의 ERP 도입비용				(백만원 : %)
구 분	합 계	내역별 비용		
		H / W	S / W	교육 · 컨설팅 커스터마이징
도입비용 (구성비)	141 (100)	30 (21)	49 (35)	62 (44)

또한 중소기업이 ERP의 도입을 주저하는 것이 비용문제에도 기인하지만, 한편으로는 성공에 대한 확신을 갖지 못한 점이 보

다 중요한 이유로서 조사대상 업종과 기업 규모에 관계없이 ERP 도입으로 효과를 본 것이 확인되었기 때문에 ERP 도입 시 성공할 수 있다는 확신을 갖는 필요하다.

중소기업의 ERP 도입효과 분석

■ 조사대상 기업

【 업종별 】

업종별	정보통신	자동차부품	전기전자	기계금속	석유화학	기타	계
기업수	6	8	48	11	22	29	124

【종업원수별】

종업원수	20명미만	20~50	50~100	100~200	200~300	300명이상	계
기업수	2	14	33	50	18	7	124

■ 도입비용 및 구축기간

◗ 기계·금속 부문이 도입비용 및 기간 면에서 가장 적게 소요된 반면, 자동차부품 및 석유화학은 상대적으로 많이 소요됨.

【 업종별 ERP 도입비용 및 구축기간 】

(백만원, 개월)

업종별	정보통신	자동차부품	전기전자	기계금속	석유화학	기타
도입비용	111.7	156.1	123.8	85.5	140.2	186.3
구축기간	5.2	6.4	5.9	4.3	6.5	7.6

◗ 기업규모가 클수록 도입비용 및 구축기간이 많이 투입됨.

【 기업규모별 ERP 도입비용 및 구축기간 】

(백만원, 개월)

종업원수	50명미만	50~100명	100~200명	200명 이상
도입비용	48	91	143	254
소요기간	4.3	5.7	7.2	6.3

■ 도입효과

• ERP 도입을 통해 고객납기 응답기간 및 월차마감기간 단축효과가 가장 큰 업종은 기계·금속산업이며,

• 재고보유기간 단축효과는 자동차부품, 1인당 매출액 증대효과는 정보통신산업에서 두드러짐.

• 재고보유기간 및 월차마감기간 단축효과는 기업 규모에 관계없이 대체로 비슷한 효과를 나타냄.

• 반면, 고객납기 응답기간 단축효과는 종업원수 100명 이하 소규모 기업에서 크고, 1인당 배출액 증대효과는 200명 이상 기업에서 효과가 큰 것으로 나타남.

【업종별 ERP 도입효과】

(백만원, 개월)

구 분	정보 통신	자동차 부품	전기 전자	기계 금속	석유 화학	기 타
고객납기응답기간	−42.2	−35.4	−31.6	−57.7	−46.5	−38.8
재고보유기간	−42.9	−60.7	−39.8	−47.8	−49.7	−41.6
1인당 매출액	+53.9	+21.4	+41.9	+28.1	+22.9	+26.7
월차마감기간	−66.7	−61.0	−64.6	−69.4	−67.0	−68.5

【기업규모별 ERP 도입효과】

(%)

구 분	50명미만	50~100명	100~200명	200명 이상
고객납기응답기간	−52.6	−84.7	−40.4	−20.6
재고보유기간	−44.8	−49.1	−40.1	−35.2
1인당 매출액	+34.6	+26.4	+29.3	+56.1
월차마감기간	−65.4	−65.0	−62.3	−73.6

Part 05

중소기업체 ERP 도입 사례

중소기업체 ERP 도입 사례

대기업, 중견기업에 이어 중소기업체들에게 이젠 '선택이 아 닌 필수요소로 인식' 될 만큼 ERP 도입니 본격화 되고 있는 상황 이다. 특히 2000년대 정부의 대대적인 중소기업 ERP 지원책에 힙입어 일정 규모가 있는 중소기업의 ERP 구축은 완료되었고 최 근에는 웹 기반이나 클라우드 ERP로 널리 확산되고 있다.

중소기업 역시 업종이나 회사 규모 및 여건에 따라 ERP 구축 역시 천차만별이다. 규모(종업원수, 매출액 등)가 적다하더라도 업종 특성이 글로벌화를 지향하고 사내 정보화 수준, IT 의존도, 성장 가능성이 높은 경우에는 십억 원 규모의 투자를 통해 외산 ERP를 도입할 수 있으며, 규모가 크다 하더라도 회사 환경에 따 라 MIS 수준에서 정보화를 추진함에 효율적이고 효과적인 경우 가 적지 않다.

이는 ERP 도입 시 '우리 회사에 가장 적합한 ERP를 선택하기 위한 충분한 준비작업' 이 반드시 필요함을 시사해 주고 있다.

ERP 실구축 사례를 통하여 ERP 도입을 위한 배경 및 필요성, 추진범위 및 내용, 구축 효과 등을 추진절차에 따라 정리함으로써 ERP 도입을 추진하고 있는 중소기업체들에게 유용한 정보로 활용될 수 있을 것으로 기대된다.

여기에서는 중소기업이 외산 및 국산 ERP를 도입한 사례를 소개한다,

S정보통신사 외산 ERP도입 사례

기업개요

S정보통신은 각 고유사업영역의 특화를 위해 5개 회사로 분사 했으며 주요 사업영역으로는 인터넷 컨텐츠사업, 통신용 하드웨어, 멀티미디어 하드웨어 등 인터넷 포탈 및 EC와 컨텐츠를 단일 체제로 정비하여 세계 유수의 인터넷 서비스업체로의 면모를 갖추어 가고 있는 벤처기업이다.

도입배경

S정보통신은 벤처기업이라는 특성상 관리인력보다는 연구인력의 비중을 높이는 방향으로 경영방침을 지속해 왔으나, 각 사

업 영역에 따라 특화된 계열사의 분사로 인해 통합되고 표준화된 관리시스템의 부재가 문제화되었다.

따라서 정형화된 업무 프로세스의 필요성과 기업전반에 걸쳐 발생되는 Data의 통합관리를 목적으로 ERP Package의 도입을 고려하게 되었다. 또한 최고 경영진 이하 모든 의사 결정권자들이 기업 전반적인 상황들을 실시간으로 이해하고 신속하고 정확한 의사결정을 위하여 필요로 하는 각종 분석용 Data의 실시간 제공이 요구되어지고 있어 외산 ERP Package의 도입을 결정하게 되었다.

<table>
<tr><td colspan="1" align="center">ERP 도입 배경 및 필요성</td></tr>
<tr><td>1. 관리 시스템이 낙후 또는 바탕이 없어 회사 발전의 걸림돌이 됨</td></tr>
<tr><td>2. 젊은 회사 창의력을 지원하는 정보시스템과 관리 시스템 구축</td></tr>
<tr><td>3. 기본적인 업무 처리의 선진화 및 표준화 시급</td></tr>
<tr><td>4. Business 업무 지원 필요</td></tr>
<tr><td>5. 관계사간의 연구자료 공유 등 정보시스템 체계구축 필요</td></tr>
<tr><td>6. ERP system의 Work Flow를 도입하여 신속한 업무처리와 투명한 관리시스템을 구축</td></tr>
</table>

기업요구사항

업무 Flow의 정립

업무방식에 대해 정형화된 체계가 갖추어지지 않음으로써 상황에 따른 즉각적인 임기응변식의 업무방식으로 인해 담당자간 혹은 부서간의 혼선과 마찰이 있다. 과거와 현재 업무진행방식의 상이로 인해 산출물, 결과물의 내용과 접근방식, 이해방식이 달라 혼선의 우려가 높다.

정보의 중복, 변조의 방지

Data가 중앙집중적으로 공유되어 관리되는 것이 아니라 다소 다중(多所多重) 발생과 Data의 집산으로 실제 유효한 Data의 구분이 모호하게 되어있다. 또는 유효 Data의 발생 후에도 오류 Data의 변조에 대한 방어와 적절한 접근 권한의 불비로 정확한 Data의 추출에 난점이 있다. 이는 Data가 기존에 존재함에도 불구하고 동일 Data의 수집과 작성에 시간과 노력을 투자하는 업무의 중복성을 가져오는 결과를 초래하게 된다.

Information System의 구축과 정보공유

사내간 인력재배치나 담당 인원의 변동 시 정형화된 업무방식과 정보의 공유체계가 확립되어 있지 않아, 신규 인원의 업무 숙지에 많은 투자를 요하게 된다. 또한 전임담당자 개인의 업무자료에 대한 인수인계와 업무숙지 능력에 따라 후임담당의 적응, 업무파악에 많은 차이를 야기한다.

이에 따라 후임 담당자가 신속히 업무숙지를 할 수 있도록 정형화된 업무프로세스의 정립과 자료의 공유화 방안 정립의 필요성이 요구된다.

원격지간의 정보지체 해소

기업 정보화의 커다란 필요성으로 인식되어 지는 하나의 이유는 정보의 정체성 및 지연의 방지, 즉 신속하고 정확한 정보의 추출이라 하겠다.

그러므로 사내의 원격지간의 정보교환에 있어서 통일된 정보교류방식으로 정확한 내용전달이 그 목적이 된다. 이에 S정보통신은 현재의 정보전달 방식의 한계를 극복하며, 새로운 정보시스템을 업무전반에 적용하기 위해 기업 인프라의 구축이 필요하게 되었다. 또한 각 관계사가 원거리에 위치하게 되면서, 관계사 각각 서로 다른 업무방식을 가지게 되고 의사소통 및 정보공유의 난점이 발생하게 되었다. 그래서 통일된 하나의 정보시스템을 공유하고 통일된 업무 프로세스의 정형화를 위해 기업 전반에 대한 인프라의 구축이 불가피하게 되었다.

의사결정 지원 시스템의 도입

ERP의 도입으로 경영기반 구축 및 타사와의 경쟁에서 우위를 확보할 수 있도록 한다. 시장상황을 신속히 접수하고 분석하여

적응, 대처하는 의사 결정의 지원시스템 및 경영관리의 기반을
구축한다.

도입목표

사내 정보화 요구사항을 충족하기 위해 S정보통신은 다음과
같이 구현 목표를 명확히 하였다

<table>
<tr><td colspan="2" align="center">ERP 도입 목표</td></tr>
<tr><td colspan="2">1. 전사적인 정보공유 및 기반업무 시스템 구축</td></tr>
<tr><td colspan="2">• 체계적인 Master Data의 관리</td></tr>
<tr><td colspan="2">• 정형화된 Business Process의 정립과 명확한 업무 영역의 구분</td></tr>
<tr><td colspan="2">• 모든 정보의 공유를 위한 DB의 구축</td></tr>
<tr><td colspan="2">• 신속, 정확한 의사결정을 위한 실시간 정보 분석</td></tr>
<tr><td colspan="2">• 원격지간의 정보 지체해소 및 정보공유</td></tr>
<tr><td colspan="2">2. 효율적인 고객지원 체제 구축</td></tr>
<tr><td colspan="2">• 시스템의 통합성으로 납기 단축</td></tr>
<tr><td colspan="2">• 효과적인 고객 대응 체제의 구축</td></tr>
</table>

도입범위

외산 패키지를 구축하기로 한 S정보통신은 전 모듈이 아닌 부
분 각개 모듈의 연계로서 ERP를 구축하기로 하였다. 이에 FI(재

무회계), CO(관리회계), SD(영업), MM(자재), PP(생산) 등 5개
핵심 모듈을 적용키로 했다.

FI (Financial Accounting)

재무회계 모듈로서 재무회계정보를 의사결정에 반영할 수 있
도록 사내통합 재무회계 데이터를 유지, 관리한다.

CO (Controlling)

관리회계 모듈로서 실적평가 및 분석정보를 제공하는 모듈이
다.

SD (Sales Distribution)

판매, 영업분야의 모듈로서 판매, 생산·출하의 연관 업무절차
를 관리하는 모듈이다.

MM (Material Management)

사내에서 관리되어지는 모든 자재들에 대한 재고관리, 입출고
관리 및 구매의뢰, 구매발주, 계산서 접수, Vendor관리 등의 업무
담당 모듈이다.

PP (Production Planning)

　사내에서 생산·출고·관리되는 모든 자재와 제품에 대한 일정, 생산계획 등을 관리한다.

추진내용

정량적 측면

① 소프트웨어 : 외산 패키지 총 5개 모듈
② 하드웨어
　　㉠ ERP 전용 SERVER 1대
　　㉡ 사용환경 : Windows Server 2012
　　㉢ 처리속도 : 인텔 제논 3.2GHz
　　㉣ 주기억장치 : 32G
③ 네트워크
　　㉠ 종류 : Ethernet LAN
　　㉡ 기종 : Intel 1Gbps
　　㉢ IP구분 : C Class
　　㉣ 외부 접속망 : 기가급

정보화 구현 전	정보화 구현 후
일관되지 못한 업무 Flow로 인한 업무의 혼란	AS-IS분석을 통한 실제 업무흐름의 파악, 분석 가능
표준화가 되어 있지 않음	TO-BE 분석을 통한 업무의 개선 및 효율향상
업무의 신속한 처리 불가	ERP를 통한 업무의 표준화 완성
중복 업무의 가능성	ERP를 통한 선진 경영기법의 습득과 경영의 투명성 회복
업무의 배분에 있어서 불공평성	새로운 업무에 대한 유연한 대처가능

정성적 측면

① 업무환경에 대한 부문
② 경영환경 부문
③ ERP에서의 각 업무별 Process 기본구조

패키지 각 Module이 제공하는 표준 Process를 가급적 그대로 적용하기 위해 Customizing을 최소화하고 업무 BPR의 효과를 창출하였는바 그 내용은 다음과 같다.

■ Purchasing(구매)

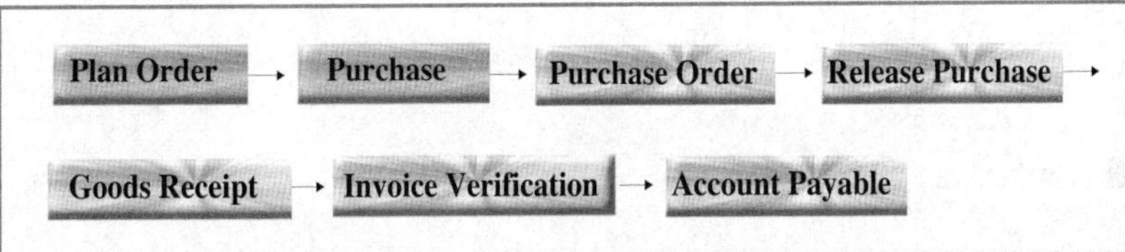

- Plan Order Conversion : Opening Period 설정시 기간내의 Plan Order는 Pur. Req
  로 자동 Conversion
- Purchase Order에 대한 Release 처리를 하지 않으면 이후 Process진행이 불가함.

■ Sales(영업)

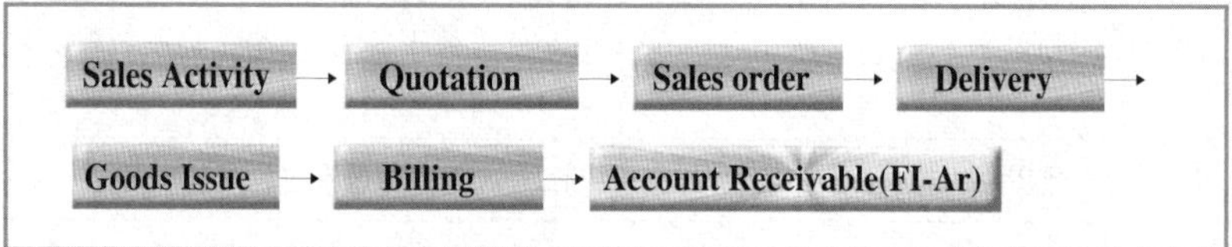

- Sales Activity 상에서 Quotation을 등록해야만 Document Flow에 나타날 수 있음
- Service Material의 경우 Delivery, 출고 처리를 하지 않고 Billing 처리를 할 수 있음

■ Finance(재무회계)

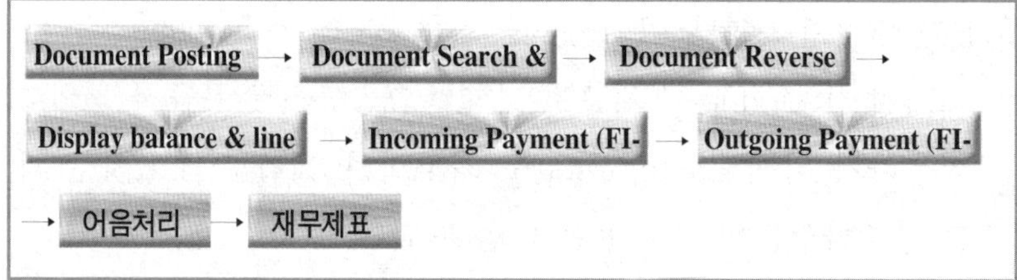

- 일반 비용 처리에 대하여 Cost Center 지정
- 매출에 대한 수금 처리
- 매입에 대한 지급 처리

■ Controlling(관리회계)

- 비용 처리에 대하여 FI에서 처리 Cost Center Accounting Document 생성

- Standard Cost를 계산 Material Master에 Update

- PP모듈에서 진행된 Production Order에 대하여 Plan/Actual Cost를 계산, Actual Cost를 정산

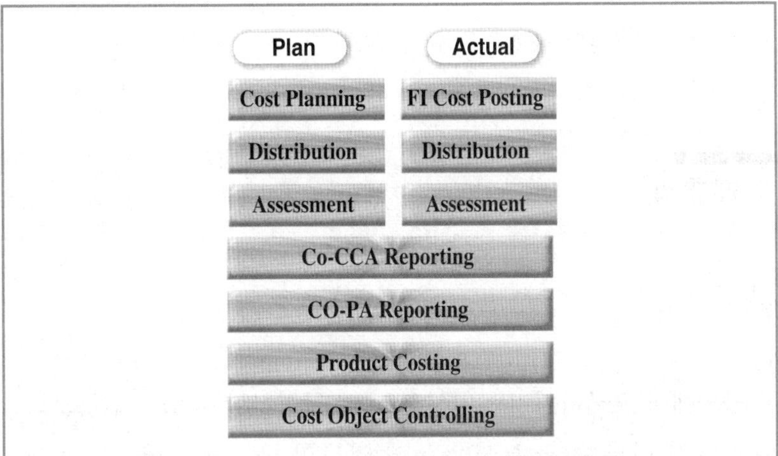

■ Production Planning(생산계획)

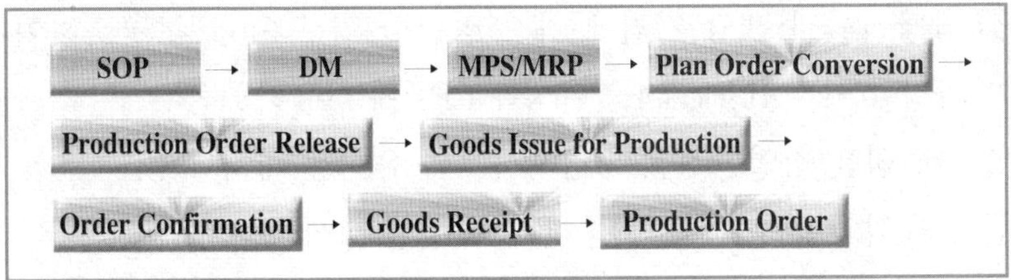

- Demand Management : 실 생산 계획으로 반제품 Modem에 대하여 등록

- Plan Order Conversion

    - Internal Item : Production Order

    - Purchase Requisition(MM−PUR에서 Simulation)

111

• Order Confirmation

　　-Inspection Operation (QM에서 Simulation)

　　-Backflush Item에 대한 확인

• Production Order Settlement

　　-CO-PC에서 Simulation

기대효과

업무측면

① ERP에서 요구되어지는 업무 Flow에 최적화할 수 있는 업무분석

② 철저한 업무 Flow 분석을 동일 업무의 간소화 실현

③ 과거 업무에 대한 Feed-Back 및 Follow-up을 ERP System 으로 관리 가능

④ 담당자들과 해당 기업에 가장 적합한 업무 Flow를 구축하여 가장 효율적인 Model을 완성해 ERP에 적용하였음

⑤ 급변하는 경영환경에서 경쟁사보다 유연한 대처 가능

⑥ 효율적인 업무 Flow를 통한 업무 능률 향상

⑦ ERP 구축을 통하여 임직원의 정보화 Mind 의식 함양

⑧ 명확한 업무, 권한의 규정을 통한 전사적인 주인의식 함양

⑨ 이론과 실제 경험을 갖춘 ERP전문가 양성

⑩ 영업 환경에 맞는 System 정착을 통해 더욱 활발한 영업활동이 이루어지고 매출발생이 증가하여 회사의 성장이 가속화된다.

⑪ 구매, 생산 품목에 대한 정확한 원가 관리를 통하여 매출에 대
한 적정 이익을 관리함으로써 더욱 높은 수익률을 달성할 수
있다.

기술측면

① 사내 정보 공유 데이터 베이스의 구축
② 클라이언트-서버 시스템의 도입으로 중복업무 발생 제거
③ 데이터의 무결성 확보
④ 적절한 Access권한으로 Data 신뢰도 확보
⑤ Groupware Implementation의 Base
⑥ 계열사 및 원격지간의 데이터 공유 및 표준화
⑦ 실시간 데이터 분석 및 조회, 검색 가능
⑧ 발생 Data entity tracing 가능
⑨ ERP 구축을 통하여 Flexible한 조직 System 구축
⑩ 물류와 회계의 데이터가 하나로 통합 운영, 관리됨으로써 관련
정보들을 서로 공유할 수 있게 되고 분석용 데이터들이 실시
간으로 제공되어 신속하고 정확한 의사결정을 지원한다. 또한
데이터 관리가 용이하여 오류 데이터의 검증이 수월해진다.
⑪ 시장상황 변화에 대하여 다양하고 신속한 대응 도구를 지원함
으로써 영업, 생산 및 구매업무가 유동적으로 처리되어 적정
한 재고 수준을 유지할 수 있고 그에 따라 재고 비용을 절감
할 수 있다.

S 강건

기업개요

S강건의 회사조직은 첫째 슬림하면서 직무에 대한 분리가 잘
되어 있고, 둘째 중소기업의 애로사항인 이직율이 적고 셋째, 직
원들간의 친밀도가 높고 넷째, 조직이 안정적이다.

이 회사의 특징을 살펴보면 다음과 같다.

① 소품종 대량생산

건축물의 천장이나 벽공사에 들어가는 부품들로 약 150개의
품목을 생산하고 있다.

② 주문생산 및 스톡생산

대개의 경우 주문 생산방식이며, 건축경기의 흐름에 따라 엠
바와 같은 주 품목은 스톡생산을 포함한다.

③ 슬림 조직

사무관리부서가 슬림하고 의사결정과정 단계가 짧고 불필요
한 서류작업이 없는 등 슬림 경영을 하고 있다. 관리부서가 기
능별로 엄격히 분화되지 않고 슬림 공동체 성격이다. 예컨대
회계, 관리, 재무가 하나의 부서처럼 운영되고 있다.

④ 전형적인 오너 중심

오너가 관리, 재무 등의 많은 부분을 활동하며 의사결정은 신
속하다.

도입배경 및 필요성

외부환경의 변화

① 국제화

국제화를 지향하는 모든 기업들은 품질향상과 가격경쟁과 함
께 기업의 정보화를 구축하여야 신속한 생산, 판매, 재무관리
를 수행할 수 있으며 국내외간의 의사소통을 원활하게 할 수
있다.

② 정보화

기업 전반에 존재하는 정보를 체계적으로 종합화하여 관리하
여야 한다. 중복된 자료작성 및 정보관리와 같은 불합리한 부
분을 없애는 정보화가 필요하다.

③ 경쟁심화

기업이 생존하기 위한 경쟁이 치열해졌다. 따라서 업무 흐름의 비정형화나 중소기업이란 이유로 전략 및 전술적 대응 없이 임시방편의 서류작성, 업무보고, 생산판매 등의 처리는 경쟁력을 떨어뜨려 기업의 생존을 위태롭게 한다.

④ 고객요구 다양화

이 기업의 제품 대한 고객의 요구는 요구규격의 제품을 신속하게 주문량만큼 적절한 장소에서 인도받기를 원한다. 이와 같이 기업환경에 대응하기 위해서 통합정보화가 이루어지지 않으면 주문처리, 재고파악, 생산일정, 납품의 고객서비스 고객요구에 미치지 못하게 된다. 이것은 결국 기업생존에 위협을 받게되는 결과를 초래하게 한다.

내부 변화 여건

① 전문인력 부족

기업환경의 변화와 필요성에 비해 중소기업이 정보관리를 위한 전문인력을 확보·유지하는 것이 어려운 실정이다.

② 정보화 예산부족

중소기업 예산은 일정 규모 안에서 생산과 판매의 우선순위 때문에 정보처리에 대한 예산 배정이 어렵다.

③ 정보시스템 미비

정보시스템에 대한 마인드와 기본 인프라 미비로 정보시스템 구축 및 활용 측면에서 대기업 비해 상대적으로 낙후되었다.

④ 수작업 중심

회사차원의 시스템 도입은 물론, 직원들에게 컴퓨터에 대한 교육을 통해 업무를 전산화한다는 것은 어렵다. 결국 관리, 회계, 재무, 재고관리 등이 업무를 수작업 위주로 하고 있다.

⑤ 정보활용 부재

내부정보의 축적은 물론 외부정보의 획득과 가공이 거의 이루어지지 않고 있다.

필요성

현재 S강건의 관리시스템은 거의 하위 수준이다.

전통적인 수작업 위주로 되어 있고 컴퓨터는 구형으로 워드작업에만 사용될 정도이다. 서버와 네트워크 구성, 적절한 기업정보지원 패키지의 구축에 의한 정보화가 필요하다. 우선 기본적으로 워드뿐만 아니라 본사와 공장간 문서 전달, 다른 기업과의 자료전달에 이메일을 사용한다든지, 적절한 스프레드시트를 사용한다든지 사무 자동화가 필요하다.

업무의 효율화를 위해 업무 흐름의 비정형을 재설계하여 정형화된 가치창조형 업무흐름이 필요하다. 비즈니스 업무가 다양할수록 업무지원을 위한 툴의 필요성이 증가한다.

예컨대 경영자는 현금흐름, 받을어음, 매입채무, 제품재고현황, 원자재재고현황 등을 정확하게 실시간적으로 빨리 알아야 의사결정을 내리는데 신속해질 수 있다. 정보화 시대의 핵심성공요 인은 속도다. 경영자가 현재 경영상태를 몰라서 의사결정에 지장 을 받는다면 위험을 초래할 수 있다. 수작업으로 영업·고객관리, 회계, 생산·재고관리를 하는 데 한계가 있다.

고객요구의 빠른 변화, 치열한 경쟁 등은 수동적인 대응보다 능동적인 대응을 요청하고 있다. 이러한 대응을 위한 정보획득은 정보시스템이 아니면 불가능하기 때문에 정보화시스템의 구현 이 필요한 상황이다.

목표 및 범위

기업의 요구사항 가운데 ERP 도입은 자원을 통합적으로 실시 간 관리하여 운영의 효율성을 도모하고 납기단축, 원가절감, 자 재관리 부담의 감소를 통해 고객에게 최선의 서비스 제공을 목적 으로 한다.

각 업무별로 살펴보면,

① 영업관리

거래처관리, 미수금관리, 품목별 매출현황관리, 영업직원별 매출실적, 수금실적, 영업신장 및 감소 추세파악, 고객별 성향 분석, 마케팅 전략 정보

② 재무관리

현금흐름 및 매출채권, 각종 세무업무, 손익계산서, 각종 재무보고서, 전표처리 등의 업무를 업무시스템으로 처리

③ 재고관리

원자재(코일 등) 재고파악, 제품 재고, 부속품 재고 등의 입출고를 파악하여 각종 자재들의 안전재고를 확보하고 납기를 맞추며 재고의 비용부담을 줄임

④ 생산관리

생산일정, 일일생산량파악, 생산능력분석, 예측생산 등을 통해서 효율적인 생산, 자재수급의 안정화, 품질을 개선

시스템 도입 목표

S강건의 사무자동화와 ERP 업무패키지의 운영, 인터넷의 활용 차원에서 시스템도입을 검토하였다. 시스템의 구성요소를 H/W, S/W로 나누어 살펴보았다.

① H/W 목표

기반 시스템 구축을 위해 PC, 프린터, 랜 등과 같은 하드웨어를 구축하는 것을 목표로 한다. 컴퓨터는 중급 가격으로 랜 서버용과 프로그램 서버용 및 운영자용으로 네트웍 구축을 목표로 한다. 프린터의 경우 기존의 1대로는 부족하기 때문에 1~2대의 추가를 목표로 한다.

② S/W 목표

OS는 Windows을 기반으로 하고 Application 프로그램으로서
MS Office, 백신 등의 설치를 목표로 한다.

ERP 도입 목표

S강건의 경우 기업 규모(조직, 매출 등)로 보아 국산 ERP 패
키지를 도입키로 결정했다. ERP 도입은 자원을 통합적으로 실시
간 관리하여 운영의 효율성을 도모하고 납기단축, 원가절감, 자
재관리 부담의 감소를 통해 고객에게 최선의 서비스 제공을 목적
으로 한다. 각 업무별 좀더 자세하게 살펴본다.

① 영업관리

영업은 S강건의 핵심 프로세스다. 판매가 되어야 생산할 수
있고 기업이 생존할 수 있다는 생각이었다. 영업에서는 고객
관리, 영업사원별 실적관리, 거래처관리, 판매현황, 미수금 현
황 등이 있다. 업종 특성상 외상거래, 부도가 많은 것을 원활하
게 관리할 수 있도록 한다.

② 재무관리

튼튼한 재무구조와 안전한 현금흐름을 유지하기 위해서 실시
간의 리얼한 재무정보가 필요하다. 각종 전표 및 입출력을 전
산화 하도록 한다.

③ 입·출고관리

영업을 중요하게 인식하는 만큼 원자재와 제품의 재고현황 파
악을 매우 중요하게 생각한다. 입고, 출고, 현 재고관리를 영업
관리와 연동되어 한번 작성으로 유효한 정보가 필요에 따라
활용되게 하도록 한다.

④ 생산관리

S강건에서 생산관리는 정보처리상 비교적 복잡하지 않은 과
정이다. 생산일보, 월보, 생산일정 파악, 생산능력 파악을 목표
로 한다.

구현 범위

① H/W 범위

　㉠ PC

　　컴퓨터는 6대 도입, 설치하였다. 대표이사 1대, 생산 1대,
　　영업팀 1대, 회계관리 2대, 관리실장 1대 각각 설치하고,
　　공용 프린터, LAN 등을 연결하였다. PC 중 1 대는 프로그
　　램 서버용, 1 대는 랜 서버용으로 사용한다.

　㉡ 프린터

　　1대 도입 설치. 우선 기존 레이저프린터에 추가로 도입. 차
　　후 더 필요할 것으로 판단하였다.

　㉢ LAN 설치

　　Peer to Peer 방식. 간단하면서 S강건에서 사용 편리한 방
　　식으로 판단하였다. 경리를 위시한 모든 직원의 입력을 공

유할 수 있도록 하였다.

② S/W 범위

㉠ OS

Windows 설치. 현행 전산전문요원 또는 정보시스템 관리
요원이 별도로 없으므로 사용자에게 쉽고 간단한 윈도 환
경의 구축이 필요하였다.

㉡ Application

응용 프로그램으로서 MS Office(Exell, Power point,
Word 등), 보안 프로그램 V3 및 기타 번들 소프트웨어를
설치하였다.

③ ERP 구축 범위

ERP 도입은 자원을 통합적으로 실시간 관리하여 운영의 효율
성을 도모하고 납기단축, 원가절감, 자재관리 부담의 감소를
통해 고객에게 최선의 서비스 제공을 목적으로 영업, 재무, 자
재, 생산등 전 부문을 대상으로 한다.

업무분석

영업 부문

영업은 S강건과 같은 중소기업은 핵심 프로세스나 다름이 없
다. 영업관리는 다음과 같은 업무를 수행하고 있었다.

① 거래처관리 : 매출액별, 지역별, 수금실적별 거래연수
② 영업사원별 실적관리 : 판매실적, 수금실적, 거래처 확대 실적
③ 품목별 : 판매현황
④ 미수현황 파악 : 거래처별, 품목별, 영업사원별

이상의 업무가 수작업과 임의적 관리가 되고 있었고, 매출, 미수금, 거래 등의 각 데이터의 활용이 부재하였다.

이와 같은 현행 업무체계의 문제점으로는 ① 일일, 주간, 월간 매출 현황, ② 미수금 현황, ③ 주문 현황과 같은 영업 현황 파악이 어렵다는 것이다. 사실 영업부문을 위시하여 회계·재무팀, 자재, 생산부와의 자료가 유기적 관계에 있다.

수작업으로 처리하기 때문에 집계표를 내는 일이 많고 월말 결산이 많아진다. 자료의 일반 공통 내용들, 예컨대 거래처명, 판매품목과 수량과 같은 것이 여러 번 기입되거나 각종 전표 또는 서류가 복사되어 사용되고 있다.

회계·재무·일반관리 부문

S강건은 회계·재무·일반사무부문이 일반경리와 분리되어 있지 않고 하나의 팀으로서 아래와 같은 업무를 수행하고 있다.

① 재무제표
재무상태표, 손익계산서와 같은 재무제표의 작성을 세무사무

소에 용역을 주고 있다.

② 일일전표처리

수작업으로 처리하고 있다.

③ 거래명세서 및 세금계산서 발급

역시 수작업으로 처리하고 있으며 따라서 실시간 처리보다는
월말 결산으로 처리하고 있다.

④ 매출전표 발급

수작업으로 처리하고 있다.

⑤ 현금관리

은행거래, 현금매출금, 현금지급금, 통장, 어음, 그 밖의 채권
을 수작업으로 처리하고 있다.

이상과 같은 업무 처리의 문제점으로 정보유출, 정보 활용 애
로, 손익파악이 곤란하다는 점이 있었다. 또한 이 부문에서 회사
업무의 일일 집계(생산량, 판매량, 현금 수입·지출액 등)도 하고
있다.

자재관리 부문

자재는 크게 제품, 상품, 원자재로 구분된다.

제품은 S강건에서 직접 제조하는 엠바, 스터드, 티바와 같은
것으로 천장이나 벽의 마감공사 받침재 조립에 들어가는 주요 구
성품이고, 상품은 볼트, 클립, 조이너와 같은 조립용 부속들로서

구매처로부터 구입 판매하는 것이다. 부속품뿐만 아니라 천장 마감재를 구입 판매하는 것도 있다. 품목의 재고파악을 위한 입출고 관리는 판매와 생산일정을 위해 S강건에서 필수로 요구되는 분야였다. 아래와 같은 재고관리를 수작업으로 처리하고 있었다.

① 원자재 현황 : 원자재별 입고와 출고, 재고현황
② 제품 현황 : 제품별 입고와 출고, 재고현황
③ 상품 현황 : 상품별 입고와 출고, 재고현황

그러나 이와 같은 업무를 수작업으로 처리하고 월말에 결산하고 있다. 따라서 실시간 정보가 어렵고 재고관리 및 비용 파악을 못하고 있으며, 재고 예측이 어려웠다. 원자재의 구입 결정, 제품 생산일정 및 수량 결정이 경험과 짐작으로 이루어지는 셈이다.

자재관리의 업무 담당은 별도의 부서가 있지 않다. 회계·관리부문과 생산부문 두 부문에 나뉘어져 협조로서 이루어진다.

회계관리 부문에서 고객 주문에 따른 출하지시와 생산부 작업일보의 집계로서 재고현황을 품목별 수불부 작성을 하여 현황을 관리하고 있다. 생산부는 고유의 재고관리 기능을 가지고 있는 것은 아니다. 제품의 실제 물류관점에서 볼때 생산되면서 이동되어 창고에 쌓는 일이 생산부에서 연속으로 행하고 있다. 따라서 생산지시에 따른 작업 생산량과 출하지시에 의한 출고량을 회계관리팀에 통보하는 것이다.

생산 부문

생산부는 회계관리 부문에서 작업지시에 의해 해당 제품을 생산하고 생산량을 통보한다. 생산부에서는 생산된 제품을 창고에 적재하는 일도 포함된다. 회계관리부서의 출하 지시에 의해 창고로부터 해당제품을 출하하고 그 결과를 통보한다.

S강건은 슬림 조직의 특성상 이러한 결과 통보를 서류를 사용하지 않고 직접 통보한다. 이것은 꼭 잘못된 것은 아니라고 판단된다. 불필요한 시간과 서류의 낭비를 없애는 장점이 있다. 그러나 전산화가 되지 않으면 정보 전달의 오류가 발생할 염려가 있으며 수시로 실사 확인을 해야 된다. 현행 시스템의 문제점은 과잉 생산 또는 과소생산의 우려가 있고, 인력 활용 비효율적이며, 임의적 생산으로 예측 생산이 안되고 있다.

이 부문의 업무는 다음과 같은 것이 있는데 이러한 업무의 기록 및 서류업무는 회계·관리부서에서 하고 있고, 생산부는 생산, 창고 보관, 출하와 같은 생산과 물류업무를 담당하며 그 결과를 통보하고 있다.

① 생산일보, 월보

작업지시에 의해 생산되는 일일 생산일보 및 이의 월간 집계

② 생산일정 파악

현재 작업에 걸려있는 제품의 작업시간, 새로운 작업지시에 따른 설비(ex. 성형기)의 가용 상태 및 착수 예정 일시 파악

③ 생산능력 파악

　　본사 및 공주 공장의 각 설비의 작업 현황에 따른 생산 능력
　　현황 파악

구축결과

　　ERP 구축 이전에는 관리업무, 영업업무, 회계업무, 자재업무, 생산정보 등 모든 업무가 수작업으로 이루어지고 있었다.
　　극히 일부분(양식 등)이 전산처리하고 있었으나 이것은 단지 문서작성에 지나지 않았다.
　　ERP구축에 따라 달라진 효과는 아래 표와 같다

구　　분	기　존		현　재		비　고
	수작업(%)	자동화(%)	수작업(%)	자동화(%)	
사　　무	90	10	10	90	공문, 각종양식
영　　업	100	0	50	50	
회　　계	100	0	10	90	
자　　재	90	10	10	90	
생　　산	100	0	40	60	
기　　타 (사규, 표준화 서류)	100	0	0	100	

　　영업부문의 정보화 구현의 결과로서 거래처관리(매출액별, 지역별, 수금실적별 거래연수), 영업사원별 실적관리(판매실적, 수금실적, 거래처확대 실적), 품목별 판매현황, 미수금 현황표(거래

127

처 별, 품목별, 영업사원별)을 매일 즉시 작성 파악할 수 있게 되었다.

회계·재무·일반관리 부문의 정보화로서 종전에 재무상태표, 손익계산서와 같은 재무제표의 작성을 세무사무소에 외주를 주던 것을 자체 작성할 수 있다.

손익계산서의 경우 완전한 원가시스템은 되지 않겠지만 최소한 원가파악의 실현 및 비용절감을 실현한다. 일일전표처리, 월말결산, 일일집계표 등의 작업을 즉시 전산으로 처리하여 각종 결과물을 즉시 출력하여 경영에 반영할 수 있다. 정보화를 상징화할 수 있는 거래명세서 및 세금계산서 발급을 즉시에 전산처리할 수 있게 되었다(마무리 작업 필요).

매출전표 역시 즉시 발급할 수 있다. 통장 및 어음 기타 채권의 현금관리를 시스템으로 현황 파악관리할 수 있게 되었다.

자재관리 부문의 시스템 구축으로 원자재, 제품, 상품의 재고현황을 즉시 파악할 수 있게 되었다. 입출고 사항을 현재보다 복잡하지 않으면서 유기적으로 연동되게 하여 한번의 사실은 한번의 입력으로 완료되도록 하였다.

일반으로 생산 부문의 ERP는 복잡하다고 알려져 있다. 그러나 ERP 구축으로 S강건은 작업지시에 의해 생산되는 일일 생산보고 및 이의 월간 집계를 파악할 수 있었고 생산일정과 생산능력의 파악도 구현하게 되었다.

기대효과

　ERP시스템 도입 전 S강건은 현대적 의미의 정보화에 대해 거의 백지나 다름없었으며, 전형적으로 1980~1990년대 중소기업식 업무운영이었다.

　정보화의 수준은 구형 PC 1와 Printer 1대가 전부였다. 그나마 있는 상용 업무 패키지와 PC도 제대로 활용을 하지 못했고 회사 전체 업무 약 90% 이상을 수작업으로 처리했다.

　S강건에 적합한 업무 패키지를 사용한 ERP시스템 구현 과정에서 업무와 제도, 양식의 표준화, 단순화, 효율화를 이룰 수 있었다. 영업관리를 비롯한 관리업무의 안정화와 직원들의 지식축적 용이, 간단한 EIS 활용 가능, 각종 데이터관리로서 신속하고 정확한 경영정보 활용이 가능하게 되었다.

① 영업 부문에서 거래처별 구매현황, 미수금, 판매 현황의 파악이 용이하게 되었고 개인별 및 전체의 성과관리를 할 수 있게 되었다.

미수금현황표와 같은 자료로 고객의 성향을 파악하여 매출을 효과적으로 관리할 수 있다. 일일, 주간, 월말, 기별 보고서를 작성하고 경영자에게 의사결정을 돕게 되었다.

② 회계 부문에서 결산 및 재무제표, 현금흐름 현황표, 부가가치세 관리, 예산 및 자금관리, 고정자산 및 감가상각 관리, 손익

계산, 기간별 현황 표 작성을 가능하게 하였다.

각종 서류의 전산처리도 가능하게 되었다.

③ 자재 입출고 관리에서 입출고 현황 파악, 자재 현황 파악(원자
재, 제품, 상품)과 아울러 외주관리, 수발주 관리를 할 수 있게
되었다.

④ 생산 부문에서 생산 입·출고 관리, 생산 일보 및 월보, 제품별
생산현황을 파악할 수 있게 되었다. 외주를 준 슬리팅과 같은
경우 거래처별 생산현황도 파악할 수 있다.

기계별 생산현황, 제품별 자재 투입현황도 파악할 수 있다.

⑤ 조직에 정보화 마인드 확산된 것이 매우 중요한 성과이자 기
대 효과이다. 직원들의 컴퓨터 능력을 향상시켰고 인터넷을
사용할 수 있으며, 정보화 시대에 걸맞게 홈페이지를 등록·운
영할 수 있게 되었다.

전반적으로 체계적 관리를 수행할 수 있으며 필요할 때 여기
저기 테이블과 자료뭉치를 들쳐보지 않고도 정보획득이 용이
하게 되었다. 예를 들면 P부장(40대)의 경우 컴퓨터로는 게
임만 할 줄 알았는데, 지금은 워드 작성, 인터넷 검색, 입출고
입력을 직접 할 수 있게 되었으며, 스스로도 본인이 컴맹으로
부터 컴퓨터 일인자가 되었다고 말한다.

⑥ 소규모의 중소기업으로서 정보화의 체계적인 기술 축적을 이
루었다. 기업 규모에 맞게 PC서버를 기반으로 랜을 구축하여
ERP 패키지를 설치하였다.

정보 시스템의 전문 운용인력이 없이 전직원이 기초적인 지

식으로 운영할 수 있게 되었다.

⑦ 정보화 환경으로의 변화에 대처할 수 있게 되었다.

컴퓨터에 익숙해 져서 하드웨어나 소프트웨어를 운영할 수 있게 되었다. 시스템에 문제가 발생하면 A/S를 의뢰하여 해결하고 자료를 복구할 수 있게 되었다.

Part 06

ERP 도입 요령

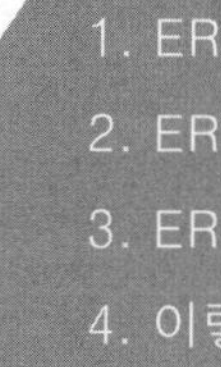

1. ERP 도입 요령
2. ERP 도입 준비
3. ERP 선정 및 계약 단계
4. 이렇게 ERP를 선택하라
5. 국산 ERP와 외산 ERP

ERP 도입 요령

ERP가 모든 것을 해결해 준다는 생각은 환상

ERP가 도입·구축되었다고 해서 기업의 경쟁력이 강화되고 이윤 극대화가 달성되고 고객만족이 이루어지는 것은 아니다.

'구슬이 서말이라도 꿰어야 보배'라는 말이 있듯이 아무리 좋은 시스템이라 할지라도 사용자들의 의식이나 활용수준에 따라 똑같은 시스템을 도입했음에도 그 결과는 하늘과 땅만큼 차이가 난다고 볼 수 있다.

더더욱 가치 있는 것일수록 사용자들에게 더욱 많은 것을 요구하게 마련이다.

ERP 역시 막대한 규모의 비용부담과 전사적인 변혁이 요구되고 이에 따라 엄청난 인적·물적·시간적 자원의 출혈이 수반되는 시스템이니 만큼 사전에 철저한 준비와 경영진의 강력한 리더쉽,

전사적인 의식개혁 및 성공 프로젝트 수행에 대한 확신과 의지가 대단히 중요하다.

지금까지 국내에서 ERP 구축을 통하여 성공한 사례보다는 실패한 사례가 더욱 많은 것으로 알려지고 있다.

대기업을 기준으로 외산 ERP시스템을 구축하기 위해서 적게는 수십억 원, 많게는 수백억 원 규모의 막대한 자금이 소요될 뿐만 아니라 많은 인력과 시간을 투입시켜야 되는데, 성공보다 오히려 실패한 경우가 많다는 것은 해당 기업의 입장에서 볼 때 혹을 떼려다 오히려 혹을 붙이는 꼴이 되버린 셈이다.

그러나 다행히도 최근 들어 ERP시스템을 구축한 사례가 늘어나면서 ERP공급자(벤더 : Vendor)나 수요자(고객사 : Customer) 및 컨설팅(Consulting)사의 경험과 기술이 축적되면서 ERP시스템 구축관련 시행 착오가 줄게 되면서 프로젝트 기간도 짧아지고, 이에 따라 컨설팅비용 등 ERP 구축에 따른 비용도 크게 감소되고 있는 상황이다.

더욱이 ERP시스템 도입을 검토하고 있는 기업이라면 어떤 업체인 경우라도 어떻게 하면 적은 비용으로 ERP를 도입하고 최대한 짧은 기간에 ERP시스템을 구축할 것인가가 관심이다.

또한 컨설팅 비용 등 구축에 따른 제반비용을 줄이면서 성공적인 ERP시스템 구축 및 활용을 통해 기업의 체질을 강화시키고 경쟁력을 키워 고객만족과 아울러 극대이윤을 보장받을 수 있을까? 하는 의문에서 ERP시스템 도입을 검토하게 된다.

ERP 도입 준비

최적의 ERP시스템을 구축하기 위해서 도입단계에서부터 체계적인 접근이 필요하게 된다. 우선 기업의 현황을 면밀히 분석해서 ERP시스템을 도입하기 위한 동기 및 목적을 명확히 설정하고 현재 수행되고 있는 업무의 흐름을 파악(AS-IS분석)한 후 업무흐름을 재설계하여 개선되어야 할 프로세스를 정의(TO-BE 분석)하여 ERP패키지를 선정하는 등 단계적인 절차를 밟게된다.

여기서는 일반적으로 기업의 ERP 도입 선정기준을 간추려 소개한다.

정보 전략 분석

정보시스템의 전략적인 구축 계획을 수립하는 과정으로 정보계획수립에서 분석, 설계, 구축까지 정보시스템 개발의 모든 단게에 걸쳐 지속적으로 영향을 주게 된다. 여기에는 기업의 목표와 성공 요인 및 경영자 요구 정보를 파악하고 ERP 도입전략 수립 단계와 업무 프로세스 비전 설정, 업무 요구사항 분석단계와 직접적인 관계가 있다.

기업 전략정보 수집

기업의 전략 및 운영에 관련된 기본 정보를 수집하는 단계이다. 내·외부 참고자료를 바탕으로 경영자와의 인터뷰를 통해 결과를 도출해 낼 수 있다. 성공적으로 기업 전략정보를 수집하기 위해서 기업 전략정보에 관한 내·외부 참고자료 수집 ⇒ 기업전략에 관한 인터뷰 요청 ⇒ 인터뷰 실행 ⇒ 인터뷰 결과 문서 정리 등의 순서로 진행시키는 과정이 필요하다.

이 단계에서 요구되어지는 정보는 ▶기업 일반 정보 ▶업종 관련 정보 ▶규모 관련 정보 등이며, 경영자와 인터뷰 시 사업목표와 향후 비전 등이 명확해져야 한다.

기업 정보 전략 파악

수집한 정보를 기초로 정보 전략을 파악하는 단계이다. 구체적으로 기업 경영목표 및 주요 성공요인(Critical Success Factors : CSF), 경영자 요구 정보, 주요 전제 조건 등을 파악하고 기업 전략 분석자료를 확인한 후, 이를 토대로 기초 기업 모형을 작성한다.

기업 정보 전략 분석 검증

상기 도출된 전략에 대해 경영자와 협의를 통해 검증 및 확인을 한다. 경영자 및 관리자와의 협의를 통해 기업 정보 모형이나 기업 전략 및 운영모형에 대해 조정한다. 이 단계에서 산출물로 제시되는 기업의 규모, 업무의 복잡성, 기업전략, 투자비용 등은 ERP 도입 프로젝트의 방향을 설정하게 된다.

업무 현황 분석단계 (AS-IS분석)

기업 전략정보의 수집, 파악 및 검증과정을 통해서 정보 전략이 분석이 되면 본격적으로 현행 업무 파악 및 분석 (AS-IS분석)에 들어가게 된다.

이는 ERP 패키지 도입에 앞서 경영전략 및 업무 요구에 맞추어 새로운 프로세스 비전(TO-BE Process)을 설정하기 위해 현

업무 현황 분석 주요 입력물 및 산출물	
주요 입력물	**주요 산출물**
기업개요	업무 영역 정의서
기업 전략 모형	영역별 프로세스 모형
	영업별 조직 모형
	업무 영역간 업무 흐름도
	업무 영역별 요구사항 및 문제점

업무를 분석하는 단계이다. 기업의 업무 프로세스를 파악하여 모형화하고 영역별 요구사항 및 문제점을 파악한다.

기업 프로세스 정보 수집

기업의 업무 프로세스에 관한 정보를 수집하는 단계로 정보수집 활동에 대한 계획을 수립하고 세션을 통해 기업 프로세스 정보를 수집한다.

그러면 수집해야 할 정보들이 무엇인가? 세션에 참가할 대상은 누구인가? 등에 대한 계획 및 사전조사를 한다. 공장 및 창고 위치, 생산 품종수, 구매 및 납품처 등 기업 기초 정보를 준비한다.

또한 업무 프로세스에 대한 범위, 대상고객 및 명세에 대해 정의를 한다. 업무 프로세스의 범위는 프로세스의 시작점과 종료점으로 구성되는데 대부분 기업의 현행 프로세스가 복잡하기 때문에 범위를 잘 잡는 것이 중요하다.

현 업무 프로세스 파악

기업의 업무구조에 대해 명확히 파악하고 업무 영역별 내부 프로세스, 데이터, 조직모형을 작성하고 업무 영역간의 업무흐름에 대해 파악한다. 또한 이 단계에서는 프로세스, 데이터, 조직간의 상관관계가 도출된다.

현 업무 프로세스 파악

주요 입력물	주요 산출물
프로세스 범위	업무영역
프로세스 대상고객	프로세스, 데이터 및 조직 모형
프로세스 소요자원	프로세스 데이터 연관도
프로세스 입력물 및 산출물	프로세스 조직 연관도
사이클 타임, 비용 등 프로세스 특성	

업무 영역별 요구사항 및 문제점 파악

업무 시스템 비전을 수립하기 위해 현 업무의 문제점 및 요구사항 또는 중점 업무과제를 파악하는 단계이다. 이 단계에서는 업무흐름 분석을 통해 개선 및 요구사항이 도출된다.

문제점과 요구사항은 컨설턴트의 경험이나 참조 모형을 토대로 분석될 수 있으며, 현장 관리자나 실무자가 느끼는 문제점이나 요구사항을 직접 파악함으로써 도출될 수도 있다. 업무 영역별 문제점 및 요구사항은 기업 전략에 맞추어 ERP 도입 전에 현 업무의 수준 평가 및 초기 업무 재설계를 위해 반드시 필요하다.

업무활동 분석 검증

현 업무분석 결과를 경영자나 해당 업무 담당자에게 검증을 받고 검증된 결과를 조합한다. 업무활동 분석 검증은 검증 작업 요청전체 및 개별면담승인 등의 절차에 따라 처리한다.

정보시스템 현황 분석 단계

현 업무 프로세스를 지원하고 있는 어플리케이션, 데이터베이스, 정보기술, 정보관리조직 등 정보시스템에 대해 파악한다.

이는 현 정보시스템의 분석을 통하여 향후 정보시스템을 효율적으로 구축하기 위한 요구사항을 파악할 수 있기 때문이다.

이와 아울러 현 업무 기능별로 정보시스템이 제공하는 기능의 만족도와 정보화 수준 비교를 통하여 문제점과 요구사항을 파악할 수 있게 된다.

현 어플리케이션(Applications)과 데이터(Data)수집

현 어플리케이션에 대한 인식과 관련 문서의 수집을 통해 어플리케이션 프로그램의 범위, 목적, 버전, 책임자와 관련된 정의를 파악하고 어플리케이션과 어플리케이션간의 연계를 파악한다.

또한 데이터 관련 정보를 수집하여 어플리케이션내의 데이터의 흐름과 형태를 파악한다.

현 정보기술 파악

업무구조(모형), 업무 시스템 구조(어플리케이션과 데이터구조)를 토대로 현 정보 기술관련 문서를 수집하여 하드웨어, 네트워크, 소프트웨어 관련 시스템의 정보기술 구조를 파악한다.

현 정보관리 조직 파악

정보관리 조직이란 정보 시스템 관련하여 개발, 운영, 유지에 책임이 있는 조직과 실제 어플리케이션을 이용하는 이용자들이다. 업무 구조 기반에서 업무시스템, 정보 기술을 사용 또는 관리하는 정보시스템 관리조직 구조를 파악한다.

또한 현 정보관리 조직이 ERP를 구축하는 데 있어 어떠한 역할을 수행할 수 있는지에 대해서도 평가한다. 정보관리 조직 단위별 현 능력 및 숙련도를 파악하여 ERP 도입 시 혹은 도입 후에 필요한 작업과 비교 검토한다.

정보 환경에 대한 개략적 개선 지침 제안

현 업무 요구 및 문제점 가운데 정보시스템 관련한 부분에 대하여 어플리케이션, 데이터, 정보기술, 정보관리조직 측면에서 파악하여 개선 지침을 제안한다.

정보시스템 현황 분석

주요 입력물	주요 산출물
현 업무 모형(프로세스, 데이터, 조직, 연관도 모형)	현 어플리케이션 검토 결과
기업 개요	데이터 검토 결과
	정보 기술 검토 결과
	정보 관리 조직 검토 결과
	정보 환경 개선 제안

업무프로세스 비전 설정 단계

ERP 도입을 통한 미래 업무 프로세스의 비전을 수립하고 비전을 구현하기 위한 구조를 제안한다. 기업 전략 분석 단계에서 도출한 경영전략(목표, 주요 성공 요인, 경영자 요구 정보 등)과 업무활동 분석단계에서 도출한 업무 모형(프로세스, 데이터, 조직 등)과 요구사항을 토대로 업무 재설계 기회를 인식하고 업무 프로세스 비전 수립을 위한 대안을 제시한다. 이 단계는 ERP 선정을 위한 예비단계로써 ERP 패키지 평가와 선정에 관련하여 현 기업의 방향을 제안하는 중요한 단계이다.

기업 전략 및 제약사항 검토

경영전략 분석 단계의 결과물인 경영전략 분석 결과 등을 바탕으로 경영전략을 재검토 및 확인을 한다.

경영전략에 대한 검토 후 업무 프로세스 비전을 설정하기 위해 현 상황의 제약사항을 검토한다. 제약 사항은 지원 정도, 범위 등의 한계를 말하는 데 우선 제약 사항에 필요한 자료를 검토하고 조직, 어플리케이션, 데이터, 정보기술에 대한 제약 사항을 도출한다.

기업의 요구사항 및 기대효과 검토

요구사항과 기대효과를 파악함으로써 업무 프로세스의 재설계에 대한 관점과 방향이 파악된다. 정확히 설계된 업무 프로세스란 기업의 요구사항과 기대효과가 잘 반영된 것이다. 또한 기업의 요구 사항과 기대효과의 파악시 임직원의 참여를 높임으로써 ERP 도입의 효과를 더욱 높일 수 있게 된다.

벤치 마킹 자료 및 참조 모형 검토

벤치 마킹은 업무 프로세스 재설계의 대안에 대해 조직의 눈을 조직의 범위 밖으로까지 돌리게 한다. 이를 이용해 성공 효과를 확인하고 여러 가지 성공에 필요한 요소들을 파악하여 비전 수립에 고려되도록 한다.

미래 업무 프로세스 비전 도출

현 업무 구조와 기업 전략, 고객의 요구 사항 및 제약사항을 기반으로 하여 미래 업무 프로세스의 비전을 수립한다.

업무 프로세스 비전 설정 단계	
주요 산출물	미래 업무 프로세스 목적
	미래업무 프로세스 속성
	미래 업무 프로세스 주요 성공요인
	미래 업무 프로세스 주요 전제조건
	미래 업무 프로세스 방해요인

이 단계에서는 미래 업무 프로세스의 목적, 속성, 주요 성공요인과 방해요인에 대한 제안을 한다. 높은 수준의 업무 프로세스 모형을 제시한다.

업무 프로세스 재설계 기회 평가

비전에 대한 수립이 끝난 후 현 업무와 비교하여 볼 때 변화의 부분에 대한 파악이 필요하다.

또한 이 변화를 감안하여 기업 전략을 재평가해 보고 조직이나 정보시스템이 미치게 될 영향을 파악해 본다. 또한 재설계를 통해 얻어지는 이익과 위험도 평가한다.

ERP 선정 및 계약 단계

평가 방법 및 기준 정의

전문 인력들과의 인터뷰나 워크샵을 통하여 패키지 평가에 필요한 각 평가 항목별 평가관점을 정의한다.

각 항목별 가중치를 부여하는 방법을 사용할 수 있다.

제품사의 공급 실적 및 사례에 대한 평가

제품사에서 작성한 제안서를 토대로 해당 제품의 공급실적 및 사례에 대한 주관적 평가를 실시한다.

기능적·기술적 요구사항에 대한 평가

제품사에서 작성한 제안서를 토대로 기능적·기술적 요구사항에 대한 만족도를 평가한다.

비용 및 구축 기간에 대한 평가

제품사에서 작성한 제안서를 기초로 비용 및 구축기간에 대하여 평가한다. 경제성 및 도입 시급성을 평가기준으로 고려한다.

평가 결과의 종합화

먼저 전문인력들이 평가한 자료를 종합하여 단일화한다. 단일화한 점수가 가장 높은 제품을 도입 협상 대상제품으로 선정한다. 그리고 추가로 도입 협상 후보 제품을 1~2개 선정한다.

이것은 도입 대상 제품과의 협상이 잘 이루어지지 않을 경우를 대비한 것이다.

도입 효과에 대한 예측

ERP 벤더 선정을 위한 체크리스트 예시

분 류 항 목	가 중 치(%)	세 부 항 목(%)
1. 회사일반현황	5	• 지속성(20) • 성장성(20) • 기술인력현황(20) • 시스템구축현황(40)
2. 협력사 부문	5	• 네트워크(20) • 그룹웨어(40) • ERP(40)
3. 시스템일반특성	10	• 구축기간(20) • Updata기간(20) • 한글화정도(20) • 동시복수회사(20) • 타 시스템 연동(20)
4. 투입 컨설턴트 부문	10	• 12년 이상(50) • 9~11년(30년) • 8년 이하(20)
5. 업무기능 요건정의	30	• 생산관리 • 구매관리 • 자재관리 • 영업관리 • 회계관리 • 재무관리 • 인사관리 • 무역관리 • 품질관리 • 경영정보(EIS, MIS)
6. 투자비용(제안가격)	30	• ERP(60) • 그룹웨어(20) • 네트워크(10) • 기타비용(10)
7. 교육 및 유지보수	10	• 교육지원(20) • 무상유지보수(40) • 유상유지보수(40)

■ 전반적인 평가방법에 있어서 수치화하여 객관성을 확보토록 하였으며, ERP Package의 기능 요건에 대한 확인과 A 사업부에 적용·가능성을 검토하였으며, 투자비용에 비중을 두어 평가함으로써 당사에 가장 적절한 업체가 선정될 수 있도록 평가 SHEET를 작성

자사의 ERP시스템 도입에 따른 경제성 분석을 위해 도입에 따른 경제적 효과를 분석한다. 협상 대상 제품사에서 보내온 제안서와 객관적인 외부 자료를 통하여 도입 효과 항목들을 파악한다. 그리고 이 효과 항목들을 계량적, 경제적인 척도로 변화시킨다.

개발업체와의 협상 및 계약

협상 제품의 미비점에 대하여 해결방안에 대한 협상을 하고 협상 결과에 따른 계약을 체결하는 활동이다. 먼저 회사 내부에서 회의를 통하여 미비점에 대한 자사의 해결 요구사항을 잠정적으로 결정한다. 그 후 제품사에서 내놓은 안과 자사의 안과의 협상을 실시한다. 협상이 타결되면 최종 계약을 체결한다.

구축 프로젝트 추진 범위의 정의

기본적인 ERP 구축 프로젝트의 범위를 정한다.

여기에서 정해진 범위는 프로젝트 수행 도중 재조정되기도 한다. 그러나 프로젝트의 범위는 프로젝트 소요비용, 소요기간, 필요 인원에 큰 영향을 주게 되므로 신중하게 결정하여야 한다.

일반적으로 ▶BPR 대상 업무 프로세스의 범위 ▶ERP 패키지 모듈 또는 기능 영역의 범위 ▶ERP 적용 대상 조직 및 사업장의

범위 ▶ERP 구축방법 ▶ERP 적용 대상 장표 및 전표의 범위 등
을 정하게 된다. 적절한 프로젝트 범위의 설정은 곧 성공과 직결
되는 중대한 문제이다.

구축 프로젝트 추진 계획 작성

프로젝트의 추진 범위가 정해지게 되면 구축 일정 계획을 수립
하게 된다. ERP 패키지들은 각각의 구축 일정을 갖고 있다. 따라
서 도입 제품의 선정이 끝나고 나면 그 제품의 구축일정에 준해
서 프로젝트의 추진 계획이 결정된다.

프로젝트팀의 구성

구축 일정 계획과 회사의 인력 현황 자료를 바탕으로 프로젝트
팀을 구성한다. 프로젝트팀에는 전산 관련 요원들뿐만 아니라 각
업무별로 다양한 인력이 포함되어야 한다. 프로젝트 팀 구성원들
에게 분명한 책임과 역할을 부여해야 한다.

이렇게 ERP를 선택하라

ERP시스템을 선정하고 계약하는 문제는 대단히 중요한 과정이다.

ERP시스템 도입과 관련하여 막대한 인적·물적자원이 소요될 뿐만 아니라 자기 회사에 맞는 ERP 패키지를 선정해야 구축은 물론 구축이 끝나고 ERP시스템으로 업무가 진행되는 데에도 문제가 없게 되기 때문이다. 만약 잘 맞지 않는 ERP 패키지를 선정하게 되면 한번 실수로 평생을 고생하는 꼴이 된다.

즉, ERP시스템 도입으로 회사의 업무가 오히려 큰 혼란을 가져 올 수 있다는 얘기다.

'사단법인 기업정보화지원센터'에서 개발한 ERP제품 선정 모형을 중심으로 ERP선정 및 계약을 최적화하기 위한 방법을 알아보기로 한다. ERP 제품 선정 모형은 ERP 제품 선정과 관련하여 각 단계별 절차와 항목에 대해서 수행되어야 할 활동들과 수행방법을 정의하고 활동별 필요한 입력의 유형과 정의 방법, 활동에 따르는 산출물에 관한 정보를 제공하고 있다.

ERP시스템 도입을 검토하는 기업에서는 아래 순서에 따라 각 단계별 지침에 따라 ERP 패키지를 선정하면 ERP 도입에 따른 시간과 경비를 크게 줄일 수 있을 것으로 판단된다.

ERP선정 및 계약	
주요 산출물	구축될 ERP 패키지 제품과 공급자 소프트웨어 계약 하드웨어 계약 서비스 계약

현황 분석 단계

기업의 현황을 파악하게 되는 가장 기초적이고 일반적인 단계이다. 현황을 제대로 파악해야 자기 기업에 맞는 ERP 제품을 선정할 수 있게 된다.

또한 ERP 제품 공급사에 제안요청(RFP ; Request For Proposal)을 할 경우에도 기업의 현황에 대한 일반정보를 주어야 기업이 요구하는 수준에 맞게 제안서(Proposal)를 받아볼 수 있는 것이다. 현황 분석 단계는 다음과 같이 구분된다.

① 기업개요에 대한 파악
② 조직현황분석
③ 기능체계분석

④ 정보기반분석
⑤ 도입목적 및 사용자 요구사항

기업개요에 대한 파악

국내외 많은 ERP 제품 가운데 자사에 꼭 맞는 패키지를 선정하고 시스템을 성공적으로 구축하기 위해서 무엇보다 '자기 회사 제대로 알기'를 위한 작업이 선행되어야 한다. 회사 여건이나 경영전략 등에 따라 ERP 선정은 얼마든지 달라질 수 있기 때문이다.

① 기업 일반 정보(기업명, 대표자명, 기업의 소재지, 연락처, 설립년도)
② 업종 관련 정보(전기전자, 금속기계, 화학, 건설, 섬유, 식품 등)
③ 규모 관련 정보(자본금, 매출액, 이익규모, 종업원수)
④ 기업 경영전략 관련 정보 수집
　㉠ 내·외부 참고자료(기업 프로파일, 조직도 등)
　㉡ 경영진 인터뷰(준비 – 실행 – 결과 문서 작업)
⑤ 기업 경영전략 및 ERP 도입 전략 분석
　㉠ 인터뷰 자료검토
　㉡ 기업 경영목표 수립(예 : 생산원가 절감으로 경쟁력 제고)
　㉢ 주요 성공요인 파악(예 : 생산라인 자동화, 적기 저가의 원재료 구입)
　㉣ 도입전략 수립(예 : 공급업체 관리 및 자재관리 부문에 ERP

시스템 도입)

ⓜ 평가측정 기준 수립

ⓑ 경영전략 및 도입전략 문서화 확인

조직 현황 분석

조직과 업무와 권한은 일반적으로 "궤"를 같이하고 있다. ERP
가 도입됨에 따라 업무 프로세스가 변경되고 아울러 조직과 기능
도 달라지게 되기 때문에 현재 조직에 대한 분석이 요구된다.

① 조직 구조에 대한 자료 수집(조직도, 전화번호부, 사무실 배치
   도 등)
② 실제 조직 구조 파악(조직도나 직무기술서상과의 차이)
③ 기능별 조직 요소 파악(각 조직에 대한 책임과 권한 파악, 업
   무분장표, 업무 매뉴얼 등)

기능체계 분석

현 업무활동과 관련된 기능을 분석하여 ERP 패키지에서 구현
된 기능과 비교(Mapping)한다. 기능체계분석을 통해 ERP 패키
지에서 지원이 안되는 부분에 대한 대책을 수립한다.

① 현 업무 활동과 관련된 기능 요소 파악

㉠ 주요 업무기능파악(업무 분석서 참조)

㉡ Workshop 준비 및 진행

㉢ Workshop 결과물 문서화(업무 프로세스 범위 설정)

② 기능 요소의 체계적 분석

㉠ 업무 영역의 정의 : 여러개의 업무 프로세스들과 엔티티
(Entity)들의 집합

㉡ 기능 Mapping(현행 기업의 기능과 ERP 패키지 기능 비교)

㉢ ERP제품의 기능 목록및 설명

정보 기반 분석

ERP시스템이 도입되면 업무프로세스의 대변혁은 물론 이에 따라 정보기반 환경이 크게 달라질 수 있다. ERP시스템이 원활하게 성공적으로 가동되기 위해 컴퓨터, 네트워크 등 H/W장비와 OS, DBMS 등 S/W사양이 뒷받침되어야 한다.

① 네트워크의 구조 및 특성의 파악

㉠ 정보 기반 환경 조사(파악해야 될 항목 선정)

㉡ 정보 기반 현황 분석(정보기반현황 및 시스템 구조파악)

㉢ 정보 기반 분석결과 확인(결과물의 문서화 및 확인)

② 컴퓨터 하드웨어 자원의 파악

㉠ Server급(서버) : MS Windows NT, IBM AS/400, Unix
계열 등

ⓛ Client급(일반사용자 PC) : Windows 등
③ 주요 소프트웨어 현황 파악
　㉠ 현 어플리케이션 인식(어플리케이션 존재 파악)
　㉡ 어플리케이션 관련된 문서 수집(매뉴얼, 안내서, 기술문서
　　　등)
　㉢ 각 어플리케이션 정의(범위, 목록, 버전, 책임자 등)
　㉣ 정보 시스템의 연관성 파악
　㉤ 업무 프로세스 지원정도 파악
　㉥ 데이터 수집 및 분석

도입목적 및 사용자 요구사항

목적에 따라 과정 및 결과는 크게 달라질 수 있다.
기업마다 ERP시스템 도입 목적이 상이하고 또 목적에 따라 시
스템 구축방향도 달라질 수 있기 때문에 도입 목적을 명확히 할
필요가 있다.

① 도입 목적의 정의
　㉠ 프로세스의 목적과 필요성에의 적합도
　㉡ 효율성 : 노력 대(對) 효과, 비용 대(對) 효과, 인원 및 자원
　　　　　의 비효율성을 따짐
　㉢ 업무흐름 : 업무흐름상 불필요하거나 지연되는 부분에 대
　　　　　한 문제점 파악 관리 및 의사결정

ⓔ 정보시스템 : 정보의 처리적인 측면에서 문제점 파악

ⓜ 프로세스의 평가지표 : 작업단계의 수, 총 문서의 수, 부서

　　　　　　　　　　간 이동 문서수 등

② 업무 활동 개선 요구사항

자사의 업무·기능상의 독특한 특징 파악

③ 도입 ERP제품에 요구되는 특성 파악

도입전략 수립 단계

도입 목적에 대한 정의가 명확해지면 이를 달성하기 위한 전략을 수립해야 한다. 도입기반을 분석하고 영역을 설정하며 정보시스템의 미래 비전을 계획한다.

① 도입 기반 분석

ⓐ 업무수준에 대한 평가분석(ERP 도입과 BPR 추진의 우선

순위 지정 등)

ⓑ ERP에 대한 인식도 파악(평가리스트에 의함)

② 정보시스템 비전 설정

ⓐ 정보시스템에 대한 발전 방안 수립

ⓑ IT 발전 추세와 회사의 정보전략을 기반으로 3년 계획 수립

③ 도입 대상 영역 설정

ⓐ ERP 도입 대상 기능 영역의 결정

ⓛ ERP 도입 대상 범위 설정(지역별 또는 사업부서별)

ⓒ 영역별, 조직별 적용 우선순위 도출(일괄 또는 단계별 구축)

제품평가 및 RFP 작성 단계

자사에 맞는 ERP 패키지 선정을 위한 기준을 정하고 ERP 공급사(벤더사)로부터 제안서를 받기 위해 제안요청서(RFP : Request For Proposal)를 작성한다.

① 대상 제품 평가 및 선별
  ㉠ 평가 관점 및 방법 정의(시간, 비용 등)
  ㉡ 벤더와 제품의 시장 경쟁력(시장 및 개발전략, 성장 가능성, 대외적 평가 등)
  ㉢ 공급 실적 및 성공 여부(자사와 유사업종에 공급한 실적 등)
  ㉣ 기술적, 기능적 특성(자사의 요구사항 수용정도)
  ㉤ 기능 만족도와 확장성
  ㉥ 도입 용이성
  ㉦ 시스템 운용성(사용자 편의성)
  ㉧ 제품별 기능에 대한 평가체계 확립
② 제안 요청 항목의 구성
  ㉠ ERP 도입배경 및 목적의 정의(ERP 도입목적, 정보시스템

비전, 추진일정 등)

    ⓛ 제안항목검토(제품 및 공급사 개요, 실적, 도입용이성, 경
제성, 서비스 등)

    ⓒ 추가 요구항목의 선정(제안서 제출방법, 제안서 작성시 유
의사항, 제안서 목차)

③ 제안 요청 및 평가준비

    ㉠ 제안서 평가방안 수립

    ⓛ 평가 관점의 정의 및 정리

    ⓒ 평가 방법의 정의

    ㉣ RFP(제안요청서) 발송

    ㉢ 제안서 취합 및 정리

제안서 평가 및 제품선정 단계

항목별 제안사항 평가

제안요청서에 따라 ERP 벤더사는 제안서를 작성·제출하고,
아울러 제안요청사에서 제안설명을 하게 된다.
그리고 평가리스트에 의해 제품선정작업에 들어간다.

① 제안 항목별 평가방법 및 기준 정의
② 제품사의 공급실적 및 사례에 대한 평가

③ 기능적·기술적 요구사항에 대한 평가
④ 비용 및 구축기간에 대한 평가

제품 선정 및 협약

최고경영진 및 실무자들이 주축이 되어 평가리스트에 의해 최고점을 받게된 ERP 제품을 선정하게 된다.

선정이 되면 해당업체에 통보하고 계약을 체결하게 된다.

① 평가 결과의 종합화
② 도입 효과에 대한 예측
③ 개별업체와의 협상 및 계약

구축 프로젝트 계획작성

프로젝트의 범위에 따라 시간 및 경비가 크게 차이가 날 수 있다. 구체적으로 프로젝트 범위를 결정하고 세부추진계획을 작성토록 한다.

① 프로젝트 범위 결정의 대상
　㉠ BPR 대상 업무 프로세스
　㉡ ERP 패키지 모듈 또는 기능 영역의 범위
　㉢ ERP 적용 대상 조직 및 사업장의 범위
　㉣ ERP 구축 방법(총체적 또는 단계적)
　㉤ 인터페이스 및 데이터 변환의 범위
　㉥ ERP적용 대상 장표 및 전표의 범위
② 구축 프로젝트 추진계획 작성
　㉠ 구축준비단계(프로젝트 조직구성, 일정계획, 교육)
　㉡ 현황 분석 단계(현행 업무프로세스 모델링 및 평가)

ⓒ 설계 단계(ERP패키지 프로세스와의 차이 분석)

ⓔ 구현 단계(프로토타입에 의한 테스트)

ⓜ 안정화 단계(실데이터를 통해 시스템 검증)

ERP 패키지 기능분석 체계

ERP 패키지마다 지원되는 기능은 크게 달라질 수 있다.

자사의 여건 및 비젼을 기준으로 패키지의 기능을 분석하고 도입하는 것이 중요하다.

제 아무리 패키지가 좋은 기능을 가지고 있다 하더라도 현실적으로 해당 기업이 소화해낼 수 없다면 아무 필요가 없는 것이다.

무턱대고 고기능성만을 강조할 것이 아니라는 애기다.

그렇다고 현재의 기업 여건만을 기준으로 고성능화된 패키지의 기능 및 프로세스를 무시한다면 ERP 도입의 취지와 거리가 멀다고 할 수 있다. 이에 따라 현재 상황과 미래 비젼 및 경영전략 달성 등을 토대로 적정선을 찾아야 된다.

또 각 패키지의 기능을 분석할 때 카다로그상 등 자료상에 드러난 기능만을 보고 평가할 것이 아니라 실제 시스템상에서 그 기능이 제대로 구현되는지 면밀히 살펴보아야 한다. 제대로 구현이 되지 않는 기능을 영업목적상 활용하는 경우가 발생하고 있다.

이와 아울러 ERP 패키지별로 표현된 용어는 다르지만 실제 기능면에서 유사한 경우가 많다는 점도 유념해야 한다.

결론적으로 말하자면 ERP 패키지가 복잡하고 기능이 많다고 좋은 것이 아니라 자사의 환경 및 경영전략, 비전에 적합한 패키지를 선정하는 것이 바람직하다.

생산관리

① 제품기준정보(Item Master Data) : 제품, 부품, 리드타임정보

② 자재명세서(BOM ; Bill of Material)

③ 수요예측(Forecasting)

④ 기준생산계획(MPS ; Master Production Scheduling)

⑤ 자재소요량계획(MRP ; Material Requirement Planning)

⑥ 생산능력계획(CRP ; Capacity Reseurces Planning)

⑦ 공정관리(Shop floor control) : Routing(라우팅),
Work center data
⑧ 재고관리(Inventory Management) : 자재의 관리, 추적, 입출
고, 재고량 조정
⑨ Bar Coding 관리

구매관리

① 구매관리(Purchase) : 주문형태, 벤더 데이터, 벤더 신용평가
② EDI / EC

판매관리

① 계약관리(Sales Quotation) : Quotation scheduling
② 주문처리(Order processing) : 고객데이터, 고객의 신용평가

배송관리

① DRP(Distribution Reseurce Planning) : Picking, shipping,
transportation
② 창고관리

설비관리

설비관리(Plant Management)

품질관리

품질관리(Quality Management) : ISO 9000, 검사장비

재무관리

① 매출채권관리(Account Receivable)
② 매입채무관리(Account Payable)
③ 장부관리(General ledger)
④ 자산관리(Asset Management) : 자산데이터, 감가상각

원가관리

① 비용관리(Cost Manangement)
② 원가관리(Product Costing) : 표준원가, 실제원가, 평균원가, ABC

인력관리

인력관리(Personnel Management)

급여관리

급여관리 (Payroll)

프로젝트관리

프로젝트 관리 (Project Management)

경영실적보고

경영실적보고 (Management reporting)

공급업체 선정요령

- Vision, 재무상태, 사장의 Mind (Stability)
- 개발능력 및 우수인력 보유 (Developing Skill & Manpower)
- 교육훈련에 대한 준비 및 실행능력 (Educational Program)
- 끊임없이 변화하는 경영 및 정보기술의 대체능력
  (Technical Leader)
- 신속한 유지보수 능력(Customer Support)
- H/W, S/W 표준화된 Tool적용(Standard Platform)
- 유사업종의 실 적용업체 보유정도 (Reference Sites)

- KMW사례 -

벤더와 제품의 시장 경쟁력	[ ] %	제품 및 공급사에 대한 개괄적이고 일반적인 평가는 어떠한가?	제품 공급사와 제품의 규모, 성장 가능성, 대외적 평가, 시장 및 개발 전략, 판매전략, 협력사와의 관계 등
공급실적 및 성공여부	[ ] %	자사와 유사한 업종및 규모의 회사에 대한 제품 공급 실적과 성공 여부는 어느 정도인가?	공급실적, 성공사례 등
기술적, 기능적 특징	[ ] %	제품의 기술적 수준이나 제공 환경이 자사의 요구사항을 얼마나 만족시키고 있는가?	업종의 적합성, 기능적 특성, 기술적 특성등
기능 만족도와 확장성	[ ] %	제품의 기능(function)은 얼마나 풍부하고 또 자사의 요구사항을 얼마만큼 적절히 만족시키고 있는가?	생산관리, 구매관리, 판매관리, 배송관리, 설비관리, 품질관리, 재무관리, 원가관리, 인사관리, 고객관리, EIS, 프로젝트관리 등
도입 용이성	[ ] %	기존 정보시스템으로부터 얼마나 용이하게 전환해 갈 수 있는가? 그 과정에서 현 자원의 활용도는 얼마만큼 유지될 수 있는가?	요구되는 사양, 기존 자원의 변환 등
BPR 및 적합화 능력	[ ] %	표준참조모형, 구축절차모형 등 BPR이나 적합화와 관련된 기능은 어떻게 제공되는가?	BPR 지원 능력, 적합화 지원 능력 등
시스템 운용성	[ ] %	제품의 사용 편의성은 어떠한가?	사용의 편의성, system administration 등
계	[100] %		

■ 상기 사항을 기준으로 회사 입장에 따라 항목을 추가 또는 삭제할 수 있으며 가중치 달라지게 된다.

국산 ERP와 외산 ERP

국산 ERP가 좋은 지 외산 ERP가 좋은지? 묻는 경우가 종종있다. 이럴 때마다 대답이 길어질 수 밖에 없는데 결론적으로 썩 좋은 질문은 아니다.

단순히 한 마디로 대답할 성격의 질문이 아니라는 얘기다. 또 좋다, 나쁘다라는 대답이 도출될 수 없는 질문이기도 하다.

왜냐하면 기업 여건에 따라 국산 또는 외산이 최적일 수 있기 때문이다. 글로벌화를 지향하는 다국적 규모의 그룹 내지 대기업 규모라면 당연히 글로벌 표준을 채택하고 있는 외산 ERP를 도입함이 마땅하고 영세한 규모의 중소기업이라면 국산 ERP가 최적일 수 밖에 없다.

이는 결국 업종, 규모(외형 및 종업원수), 정보화 수준, 업무처리 수준, 종업원 수준, 경영진 마인드 등 복합적인 요소를 갖고 자사에 적합한 ERP를 도입함이 마땅하다 할 수 있다.

즉, 기업의 눈높이에서 자사에 적합한 ERP를 찾아야한다.

체형에 맞는 기성복을 골라입어야 된다는 말이다. 마치 뱁새가 황새 쫓아가는 우를 범해선 안된다고 할 수 있다.

항 목	국산 ERP	외산 ERP
기능적 측면	선진 업무 프로세스 측면 약함	선진 업무 프로세스 내장
기술적 측면	최신 IT활용 가능	최신 IT활용 가능
글로벌 대응	글로벌 대응 취약	글로벌 대응 가능(글로벌 표준 채택)
구축기간 및 비용	단·중기(3~6개월), 중저가	중장기(6~12개월), 중고가
적합기업 규모	중소기업(매출액 1천억이하)	중견 및 대기업(매출액 1천억이상)
기능 확장성	추가기능 불가피	파라미터 설정기능으로 기능 추가선택
호환성 (e-비즈니스 관점)	연계, 통합에 어려움	연계 통합 및 확장성 용이
PI (프로세스 혁신)	PI 성격이 약함	PI 가능
정보시스템 구축 성격	추가개발 과다 발생으로 SI성격 강함	패키지 중심으로 구축 가능

169

Part 07

ERP 구축방법

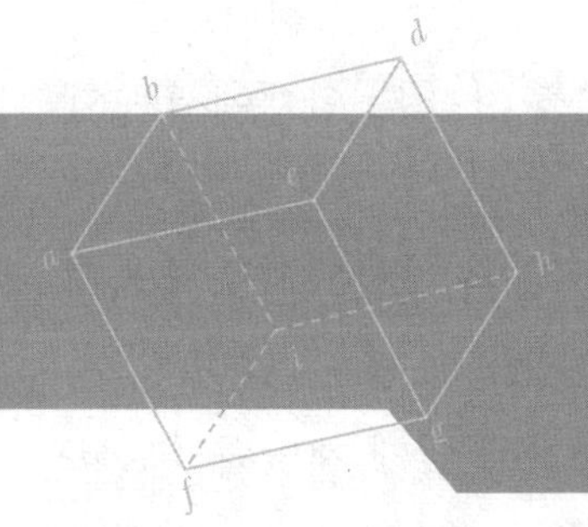

ERP 구축방법

ERP시스템은 기존의 MIS시스템을 개발구축(SI : System Integration 흔히 솔루션 구축과 대비되는 개념으로 조직의 요구에 따라 전문 개발업체가 개발하는 형태)하는 방법과 비슷한 경로인 분석(Analysis), 설계(Design), 구축(Construction), 구현(Implementation) 등 4단계의 과정을 거쳐 구축되어진다.

그런데 ERP는 이와 같이 과정은 비슷하지만 각 단계에서 수행해야 할 일은 큰 차이를 보이고 있다.

즉, MIS와 ERP시스템과의 차이가 큰 것과 마찬가지로 구축하는 데 있어서도 본질적인 접근 방향이 다르다고 볼 수 있다.

예컨대 MIS시스템이 자기 회사의 실정에 맞게 개발되었고 따라서 개발된 결과를 구축해야 될 목표(TO-BE Process)로 삼지만, ERP시스템에서는 ERP패키지 자체를 지향해야 될 방향(To-Be Process) 및 목표로 정하고 시스템을 구축하게 된다.

ERP 패키지에서 구현된 업무 프로세스(Business Process

Ree ngineering)에 맞추어 현행 업무와 조직을 바꿔야 한다.

이 대목에서 MIS와 ERP 구축에 있어서 상반적인 면을 보이게 되는데, MIS의 경우 개발할 때부터 전산실 종사자나 각 현업에서 충분한 검토와 이해를 거치는 등 TO-BE Process 자체가 내부적으로 합의를 본 상태이기 때문에 구축과정에서는 내부의 반발이 거의 없게 된다. TO-BE 프로세스에 맞추어 IT자원만 잘 활용하면 된다.

그러나 ERP시스템은 구축이 시작되면서부터 끝날 때까지 내부에서의 엄청난 저항에 부딪치고 이를 극복해나가야 하는 과정을 수 없이 되풀이해나가야 하기 때문에 고도의 전문적인 컨설팅을 요구하게 된다. 조직이 크면 클수록 경영진부터 말단 사원에 이르기까지 변화에 대한 관리(Change Management ; CM)를 잘해야 ERP시스템을 구축할 수 있게 된다.

현재 국내 ERP시스템 구축현황을 보면 그룹사 계열 대기업체들의 경우 대부분 SAP, Oracle 등 외산 패키지들을 도입하고 있는데, 이들 공급사(Vendor ; 벤더)들은 ERP 패키지를 공급하고 PWC(Price Waterhouse Coopers), Accenture, KPMG 등 별도의 전문 컨설팅회사에서 ERP시스템을 구축하게 된다.

이들 컨설팅 회사들은 세계적인 경영 컨설팅 회사들인데, 오랫동안의 경영 컨설팅에 대한 경험을 바탕으로 ERP 벤더사들와 협약을 체결하고 ERP 구축에 따른 컨설팅을 전문적으로 수행하고 있으며 각 사 나름대로 패키지 특성에 맞게 ERP 구축 방법론을 보유하고 있는 상황이다.

　한편 중소업체들의 경우에는 국산 ERP 패키지를 주로 도입하고 있는 데 국산 ERP의 구축방법은 대기업을 대상으로 하는 외산 ERP 패키지의 방식과는 사뭇 다르다.

　지금까지 국산 ERP를 구축하는 현황을 보면 외산 패키지와는 달리 별도의 컨설팅 기관에서 구축하는 것이 아니라 ERP 벤더가 제품 공급뿐만 아니라 구축도 병행 실시하고 있다. 외산 패키지처럼 전문적인 컨설팅을 통한 구축이 필요없었기 때문이다.

　외산에 비해 기능이 단순하고 취약하여 벤더사들이 패키지 구축을 통하여 기능을 보강하고 구축과정에서 추가적인 개발을 수시로 해야 하는 상황이었다.

　국산 ERP를 도입하는 중소업체 역시 대기업과는 달리 프로세스의 혁신에 앞서 업무의 표준화와 부문간 업무의 통합처리와 함께 자사 업무에 맞는 시스템 구축을 희망하는 경우가 많았던 상황이다.

　그러나 최근 들어 국산 ERP 패키지들의 기능이 안정되고 강화되면서 국산 ERP시장의 수요가 중견기업 규모로까지 확장되면서 양상은 달라지기 시작했다.

　즉, 국산 ERP 벤더들도 ERP를 구축하는 데 있어 전문적인 컨설팅에 대한 필요성을 인식하고 별도의 독립된 컨설팅 조직을 두거나 외부에 아웃소싱(Outsourcing)하는 사례가 속출하고 있다.

　ERP를 도입하려는 기업에서도 마찬가지로 ERP에 대한 인식이 제고되면서 패키지 중심적으로 ERP시스템의 구축을 원하는 추세이다. ERP의 특성으로 본다면 당연히 패키지 중심적으로 시스템을 구축하는 것이 바람직하다고 할 수 있다.

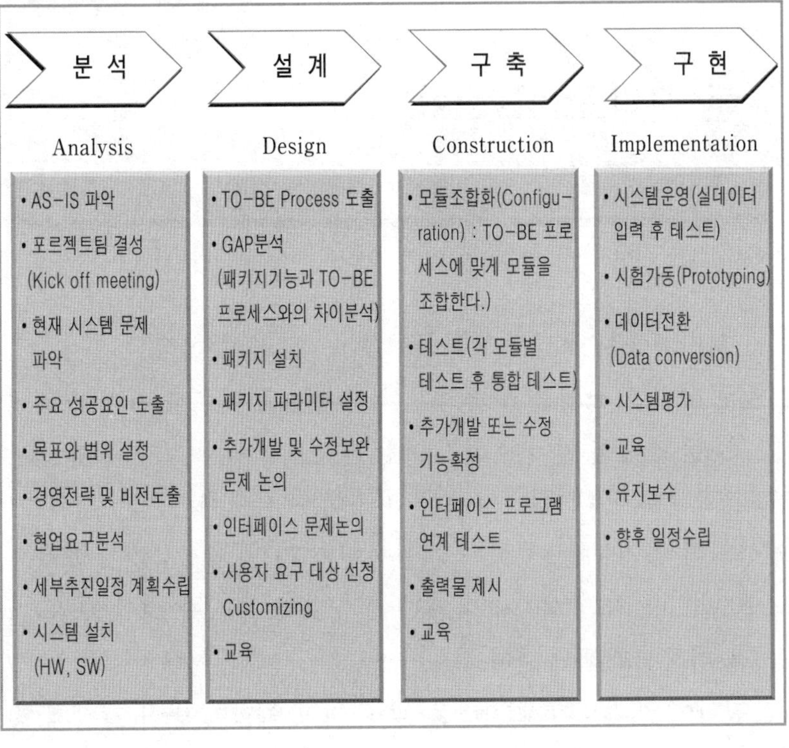

분 석 (Analysis)

분석단계에서 핵심은 현황파악(AS-IS 분석)이다.

성공적인 시스템을 구축하기 위해서는 무엇보다 자기 기업의 현주소를 명확히 알아야 하기 때문이다.

ERP 패키지 내에는 방대한 비즈니스 프로세스(업무절차)가 구현되어 있기 때문에 어느 기업이던지 ERP 패키지를 도입하게 되면 반드시 자기 몸, 자기 체질에 맞도록 패키지 내의 모듈(기능)을 취사선택해야 한다.

'진단이 정확해야지 처방을 잘 내리고 약발이 받아 건강해 진다'라는 논리와 ERP시스템의 구축과 비슷한 면이 있다고 볼 수 있겠다. 즉, 분석단계는 다시 말해 기업을 진단하는 과정으로 구석구석 꼼꼼히 들여다 봐야한다. 분석단계에서 현황파악을 하는데 있어서 중요한 사항을 보게 되면

① 프로젝트팀의 구성

② 세부 추진 일정 수립

③ 경영전략 및 비전 수립

④ 주요 성공요인 도출

⑤ 목표와 범위 설정

⑥ 시스템 설치

등으로서, 분석과정을 통한 결과물은 바로 다음 단계인 설계에
반영토록 되어있다.

현황 파악(AS-IS분석)

기업의 현재 업무의 흐름을 파악하고 이에 대한 잘잘못을 따져

보는 과정이다. 어떤 기업이나 기업 나름대로의 독특한 문화와 관행 및 업무처리 방식 등이 있겠는데, ERP 프로젝트에서는 우선 이를 무시하는 것이 기본사상이라고 이해될 수 있다.

ERP를 도입하는 가장 큰 목적이 ERP 패키지에 구현된 선진 업무 프로세스를 취한다는 것이기 때문에 우선 순위는 ERP 패키지대로 하되 본질을 해(害)하지 않는 범위 내에서 기업의 요구사항을 수용하는 것이 최상의 프로젝트 구축하는 방법임은 물론이다. 현재의 업무프로세스를 파악하는 데 있어서 기업에서 대부분 임직원들이 고정관념의 틀에서 크게 벗어나지 못하고 있으며, 마치 기존의 업무관행을 존속시키는 것이 기득권을 보호하는 것처럼 인식되어 기본적인 시각교정을 위한 노력이 필요하다.

무슨 일(What)을 하고 있는 지에 주안을 두고 접근해 나가야 될 것으로 판단된다.

프로젝트팀(TFT ; Task Force Team) 구성

어떠한 프로젝트를 하는 경우에라도 성공적인 프로젝트를 수행하기 위한 추진세력을 결성해야 함은 당연하다.

ERP 프로젝트 역시 경우에 따라서는 기업의 사활을 걸고 수행하는 대규모 프로젝트이니 만큼 이에 필요한 인적·물적자원은 막대하다고 볼 수 있다.

보통 ERP 프로젝트팀을 TFT(Task Force Team)라고 하는

데 구성원은 회사 내부에서 차출된 정예요원(CIO, 기획, 전산, 각 현업)과 ERP 패키지 설치와 교육을 담당하게 될 ERP 벤더사 직원 및 프로젝트를 주도적으로 추진하게 될 요원인 컨설팅회사 직원 등이 프로젝트에 멤버로 참가하여 한 솥밥을 먹게 된다.

TFT는 팀장(보통 PM이라 부르는데, 이는 무좀약이 아니고 Project Manager라는 뜻이다)의 주도하에 Kick off 미팅을 갖고 기나 긴 여정을 떠나게 된다.

세부 추진일정 수립

Kick off 미팅을 끝내면 본격적으로 프로젝트가 개시되는데 TFT는 우선 전체적으로 프로젝트 추진 일정을 수립하게 된다.

분석, 설계, 구축, 구현 등 각 단계별 추진사항 및 산출물, 점검 사항 등을 자세히 명시할 뿐만 아니라 각 분야별로 담당을 지정하여 담당자의 책임하에 일정에 맞게 업무를 수행하게 된다.

PM은 오케스트라의 지휘자처럼 각 분야별 진행사항과 전체의 추진상황을 수시로 점검 일정을 확인해야 한다.

프로젝트 성공요인 가운데 하나인 '제 날짜에 끝내기'를 지켜야 해당 기업은 물론 프로젝트에 참여한 TFT에게 피해를 주지 않게 된다. 또한 프로젝트의 지연은 곧 바로 돈이기 때문에 프로젝트 기간을 엄수할 수 있도록 사전에 면밀하게 일정을 수립해 놓아야 한다.

경영전략 및 비전 수립

ERP 프로젝트는 위에서부터 밑으로 내려가는 방식인 이른바 Top-Down(탑다운)방식에 의해 도입되는 것이 대부분이다.

ERP가 전산화나 단순한 정보화의 수단이 아니라 경영혁신의 강력한 도구로 도입되는 것이기 때문에 최고경영자의 의지나 결심이 없이 프로젝트가 진행된다는 것은 거의 불가능하다고 볼 수 있다.

이에 따라 ERP 프로젝트를 진행시킬때 회사의 이념이나 경영전략뿐만 아니라 최고경영자들이 무슨 생각을 하고 무엇을 요구하고 있고 어떻게 됐으면 하는 요구 등이 사전에 파악되고 이러한 부분이 ERP 프로젝트에 반드시 반영되어야 한다.

최고경영자들은 회사의 비전을 수립할 때 뜬구름 잡는 식의 듣기 좋은 문구보다는 구체적으로 목표를 수치화하는 것이 중요하다. 대개 5개 이하로 목표항목을 설정한다.

주요 성공요인 도출

경영전략 및 비전이 수립되고 나면 이러한 전략과 비전이 현실로 다가오기 위한 조건을 도출해내야 한다.

보통 주요 성공요인(CSF : Critical Success Factor)이라고 부

르는데 전략을 달성하기 위한 세부 추진사항이라고 이해될 수 있다.

목표와 범위 설정

ERP 프로젝트의 규모가 크기 때문에 목표와 범위를 명확히 설정해야 한다. 주로 예산상의 이유 때문에 일시에 투자를 하지 못하는 경우가 많아 단계적으로 프로젝트를 수행하는 경우가 많다. 사업장별로 또는 각 사업 부분별로 시스템을 구축할 수 있다.

ERP시스템이 영업, 생산, 구매, 자재, 회계, 인사급여 등 각 모듈별로 독립적으로 업무를 수행할 수 있기 때문에 모듈별로 구입하는 경우도 있는데, 특히 외산 패키지의 경우 각 단위 모듈별로 구축하는 것이 오히려 일반적인 경우이다.

이는 ERP가 확장성·유연성면에서 뛰어나기 때문에 일부 모듈을 구축한 이후 언제라도 다른 모듈을 도입할 수 있기 때문이다.

이와 아울러 ERP시스템 내에서 해결하지 못하는 부문에 대해서 추가개발을 할 것인지 아니면 다른 패키지와 인터페이스를 시킬 것인지 등에 관해서도 사전에 범위를 명확히 설정해야 한다.

범위를 명확히 정해 놓지 않으면 프로젝트 수행 도중 해당 기업과 컨설팅사간에 심심치 않게 마찰을 가져올 수 있으며, 경우에 따라서는 추가적인 비용 부담이 커지는 사례도 많이 발생되고 있는 형편이다.

시스템 설치

소프트웨어 및 하드웨어의 설치는 사전에 제안서에서 정한 사양에 맞게 준비가 되어야 시스템의 성능(Performance)이 제대로 발휘될 수 있다.

하드웨어는 크게 PC와 네트워크로 구분될 수 있다. PC는 서버(Server)급과 일반 사용자들이 사용하는 Client급으로 나누어지는 데 Client는 1인 1PC를 기본으로 하고 있다.

ERP시스템에서 일을 하게 되면 자신의 PC에서 자신의 업무뿐만 아니라 연관된 다른 업무까지도 들여다 볼 수 있도록 설계되어 있기 때문에 거의 모든 업무가 네트워크상에서 이루어지게 된다. 이에 따라 네트워크(LAN 또는 WAN)의 설치는 필수적이라고 할 수 있다.

또한 ERP는 회사내의 모든 업무에 중추적인 역할을 하게 되는 이른바 백본(Backbone)이 되는 시스템이기 때문에 이를 뒷받침할 네트워크가 준비되어져야 한다.

한편 DB나 OS의 경우 대부분 ERP가 어떠한 DB나 어떠한 OS(Any OS Any DB)도 수용하는 개방형 구조로 되어 있으나, 국산 ERP패키지의 경우 특정 OS와 DB를 사용하는 경우가 있기 때문에 사전에 주의를 하여 ERP 패키지에 맞는 OS와 DB를 설치하여야 한다

성공적인 프로젝트 추진을 위한 제언

- 인사조직 변경에 따라 데이터 발생, 보안통제, 실적 집계들이 일원화 관리되는가?
- 프로세스 처리, 승인, 정보 조회에 대한 권한 부여가 용이한가?
- Real Time프로세스 데이터 처리에 대한 데이터 변경 관리가 제대로 되는가?
- 데이터의 주기적 백업및 복구절차 준비
- 업무개선 효과 증대를 위한 내부 방침의 명확화
- Top Management의 지속적인 관심과 지원 필수
- 도입효과 극대화를 위한 컨설팅 병행 바람직
- Customizing 최소화로 도입기간 단축 및 향후 Version-up 수용구조 유지
- ERP의 도입효과는 1인 1PC 환경 필연

– 현대 멀티캡 사례 –

설 계 (Design)

설계(Design)단계에서는 분석한 결과를 구축시키기 위해 준비하는 과정이라고 볼 수 있다.

이 단계에서 가장 중요한 것은 ERP 프로젝트의 핵심인 개선된 프로세스(TO-BE 프로세스)의 도출이 된다.

현재의 회사 업무프로세스와 회사나 경영진 및 현업에서 요청한 사항과 ERP 패키지에 구현된 프로세스를 잘 조화시켜서 TO-BE 프로세스를 도출하는 것이 가장 큰 과제라 할 수 있다.

ERP사상에 비추어 보면 당연히 ERP 패키지 프로세스 자체를 TO-BE로 정해서 모든 것을 이에 맞추면 된다.

그러나 현실적으로 보면 ERP 패키지가 천차만별의 기업에 똑같이 적용하기란 불가능한 일이다. 따라서 대부분 ERP 프로젝트는 ERP 패키지 프로세스 중심으로 진행하되 회사나 경영진의 비전과 전략이나 현업에서의 요구사항에 귀를 기울여 구축하는 과정에 반영시키고 있다.

회사에서 내놓은 TO-BE 프로세스와 ERP 프로세스와 비교하여 차이점을 발견하는 과정인 GAP분석이 설계단계에서 이루어지게 된다.

이와 아울러 ERP시스템 내에서 소화하지 못하는 문제에 대한 해결방안에 대책을 수립하게 되며 기존에 사용하는 어플리케이션(Applications)이나 추가개발(Add-On), 추후에 도입될 소프트웨어와의 인터페이스(Interface)에 대한 문제 역시 설계단계에서 다루게 된다.

개선된 프로세스(TO-BE 프로세스) 도출

개선된 프로세스(TO-BE 프로세스)의 도출은 설계 단계에서 가장 중요한 과정이다.

TO-BE 프로세스 자체가 ERP 구축의 목적이라 해도 지나친 말이 아닐 것이다. TO-BE 프로세스를 도출해내기 위해서는 경영전략 및 비전 도출, AS-IS 파악, 주요 성공요인 등 분석단계의 결과물과 ERP 패키지 프로세스와의 차이를 분석해야 한다.

특히 이는 ERP 프로젝트에서 성패를 좌우할 정도로 중요한 과정인데, 기본적으로 현재 상황을 고집하는 현업종사자들과 ERP 컨설턴트들간에 치열한 신경전이 전개된다.

경우에 따라서는 경영진을 설득하여 현업의 동참을 요구하는 경우가 빈번하게 발생된다. 따라서 TO-BE 프로세스를 도출해내

기 위해서는 분석단계에서 경영전략과 비전수립 등에 있어서 명확
하게 목표가 설정되고 경영진의 단호한 의지가 요청되고 있다.

차이분석(Gap Analysis)

TO-BE 프로세스를 도출해 내기 위해 반드시 필요한 과정이
다. 회사에서 내놓은 TO-BE 프로세스와 ERP 패키지의 프로세
스를 하나하나 대조하면서(Mapping : 맵핑이라고 함) 그 차이를
발견하는 것을 차이분석 또는 갭분석이라고 한다. 차이가 발견되
면 이를 어떻게 해결할 것인지 고민에 빠지게 된다.

대표적으로 이를 해결하는 방법으로는 우선 가능하면 ERP 패
키지내에서 소화시키는 방안을 찾게 되고 ERP 패키지 내에서 수
용이 안 되는 부분에 대해서는 수정 또는 추가개발을 하게 된다.

갭분석하는 과정에서 불필요하거나 비부가가치적인 프로세스
는 과감하게 생략될 수 있다.

패키지(Package) 설치 및 파라미터 설정

차이분석을 하는 경우에 ERP 패키지가 필요로 된다.

ERP 패키지의 각 모듈(기능)에 대해 충분한 이해 없이 갭분석
을 할 수 없기 때문이다.

갭분석이 끝나게 되면 파라미터(Parameter) 설정 작업에 들어가게 된다.

ERP 패키지의 기본 설치는 간단하다.

ERP 운용환경에 맞게 하드웨어 및 소프트웨어가 설치되면 바로 ERP 패키지 설치에 들어가게 되는데, 기본적으로 ERP 패키지가 갖고 있는 거의 모든 기능들이 포함되어 있다. 대부분 ERP 패키지들은 예상할 수 있는 거의 모든 프로세스들을 구현시켜 놓고 있으며, 구축하는 과정에서 도입회사 여건에 맞게 세팅(Setting)을 시켜줄 수 있도록 설계되어 있다.

따라서 갭분석이 끝나 TO-BE 프로세스가 도출이 되면 TB-BE 프로세스에 맞게 파라미터를 설정해 주어야 한다.

추가개발 및 수정보완

설계단계에서 도출된 TO-BE 프로세스가 ERP 패키지 내에서 수용이 가능하다면 별도의 추가 개발이나 수정 보완이 필요가 없겠지만, 대부분의 경우에는 자기 회사의 독특한 업무 및 거래 관행, 현업 및 경영자 요구 등에 의해 수정보완이나 추가 개발을 한다.

이러한 경우 주의해야 할 점은 ERP 패키지 프로세스의 본질에서 크게 벗어나면 안된다는 것이다.

인터페이스(Interface)

　대부분 회사에서는 기존에 MIS에 의해 기본 업무를 수행하지만 경영자정보나 회계 및 영업정보 등에 대해서는 별도의 독립된 어플리케이션(Applications)을 사용하고 있다.

　특히 최근 들어 고기능성 업무용 소프트웨어들이 쏟아져 나오면서 기업들은 전문적인 부문에 이와 같은 패키지들에 대한 도입이 급증하고 있는 추세이다.

　또한 외국계 회사의 경우에는 본사와의 업무 연결을 하기 위해서 별도의 소프트웨어를 사용하고 있다.

　이와 같이 대부분 기업들은 자사 업무를 효과적으로 수행하기 위하여 자체개발 또는 외부에서 패키지를 도입하여 사용하고 있는 상황이다. 이에 따라 ERP시스템을 구축할 때는 이와 같은 기존의 시스템과의 연계 문제가 반드시 쟁점화 되기 때문에 이에 대한 대책을 수립하여야 한다.

사용자 요구사항 수용(Customizing)

　사용자들의 요구사항을 어느 정도 수용해 주어야 할 것인가?

　이 부문에서 현업과 ERP컨설턴트들간에 힘겨운 줄다리기를 해야 한다. 현업에서는 되도록 이면 현재 업무 프로세스에서의 개선을 찾아보려고 하고 ERP컨설턴트 입장에서는 패키지 중심적으로 접근하다 보니 현재의 업무 프로세스는 거의 무시하려는 것이 일반적인 상황이다.

한편 ERP 패키지는 여러 가지 관점에서 특징점을 비교해 볼 수 있는데, 그 중에 하나가 커스터마이징(Customizing)을 해주느냐 여부에 따라 패키지마다 특성이 있다.

커스터마이징 안 해주는 것을 원칙으로 패키지를 Noncustomizing형이라 하는데, 글로벌 ERP 패키지는 대부분 Noncustomizing을 원칙으로 한다. 그러나 Noncustomizing형 제품도 10~20% 정도의 Customizing은 기본적으로 해주고 있는 상황이다.

패키지 프로세스의 본질을 크게 훼손하지 않는 범위내에서 적당히 회사의 요구를 반영시켜야 된다.

구 축(Construction)

분석, 설계과정을 통하여 현황파악뿐만 아니라 나가야 될 방향 즉, 목표도 설정되었다. 이젠 이러한 결과를 시스템적으로 구축하여 검증을 하는 과정으로 들어간다.

분석, 설계과정을 통해 영업, 생산, 구매, 자재, 회계, 인사급여 등 회사의 모든 업무에 대한 재설계를 한 결과를 갖고 ERP 패키지의 각 모듈과 비교(Mapping)하여 꼭 필요한 모듈들만을 조합 (Configuration이라 함)시켜 시스템으로 구축시킨 후 테스트를 해본다.

모듈 조합화(Configuration)

Configuration이라고 하는 모듈의 조합화 과정에서는 분석, 설계과정에서 도출된 TO-BE 프로세스를 시스템적으로 구축하게 된다. ERP 패키지는 수많은 기능(모듈)들의 조합으로 형성되어 있다. 이렇게 많은 모듈들을 어떻게 조합하여 TO-BE 프로세스를 시스템적으로 구현시켜 나가는 과정이다.

테스트(Test)

테스트를 하는 방법은 두가지가 있다.

우선 각 단위 모듈별로 구축을 한 후 테스트를 해 보고 이상이 없으면 부문간, 전체의 모듈을 통합 테스트하게 된다.

이때 어느 한 부분에서 이상이 발생하면 전체적으로 시스템의 이상이 발생하게 된다. 마치 레고블럭을 쌓을 때 수백개의 레고블럭 중 일부 레고가 서로 이가 맞지 않아 제대로 끼워있지 않으면 전체적으로 균형을 잃게 되는 것과 거의 마찬가지로 개념으로 이해 될 수 있다.

일단 모듈을 조합하여 테스트하고 이상하면 다시 조합하여 테스트하는 과정을 여러 차례 반복적으로 되풀이하게 된다.

구 현(Implementation)

시스템구축이 끝나면 실제 시스템을 돌려보게 된다.

본격적인 시스템 가동에 앞서 시험적으로 운영하는 과정이 구현단계로 볼 수 있다. 구축된 시스템에 실데이터를 입력시켜서 시스템을 시험적으로 운영하는 과정을 프로토타이핑(Prototyping)이라고 한다. 프로토타이핑의 과정을 통해 문제점이 발견되면 다시 개선점(TO-BE 프로세스)을 찾아 구축을 하게 된다.

또 구현단계에서는 기존 데이터의 전환(Data Conversion)작업이 이루어지게 된다. 기존 시스템에서 필요한 데이터를 ERP시스템으로 옮기는 과정이 데이터 컨버전이다.

프로토타이핑(Prototyping)

프로토타이핑은 본격적인 시스템 가동에 앞서 시험적으로 시

스템을 돌려보는 과정이다. 프로토타이핑을 할 때는 실데이타를
입력시켜 거의 실제 상황과 같은 조건으로 시스템을 운영해보게
된다.

본격적으로 새로운 시스템이 가동, 운영됐을 때의 문제점을 미
리 파악하여 조치하는 것이 프로토타이핑의 목적이다.

데이터전환(Data Conversion)

기존 시스템에서 사용하고 있던 데이터를 ERP시스템에 옮기
는 과정을 데이터 전환(Data Conversion)이라고 한다.

분석, 설계, 구축과정에서 데이터 전환에 대한 범위나 방법 등
에 대해 논의한 결과에 따라 버릴 것은 버리고 살릴 것은 살려서
데이터를 옮겨 주면 된다.

시스템 평가

프로토타이핑을 통해서 구축된 시스템에 대한 평가를 하게 된
다. 평가과정에서 제기된 문제점이나 새로운 요구가 생기면 이러
한 부분을 반영한 새로운 개선방향(TO-BE 프로세스)이 도출되
게 된다.

구현단계에서 도출된 TO-BE 프로세스는 다시 설계단계로

가서 설계를 하게 되고 설계가 끝나게 되면 구축과정으로 들어간
다. 또 구축이 끝나면 다시 구현단계로 되돌아오게 된다.

이와 같이 구현-설계-구축-구현의 순서가 반복되면서 시스
템이 완성되게 된다.

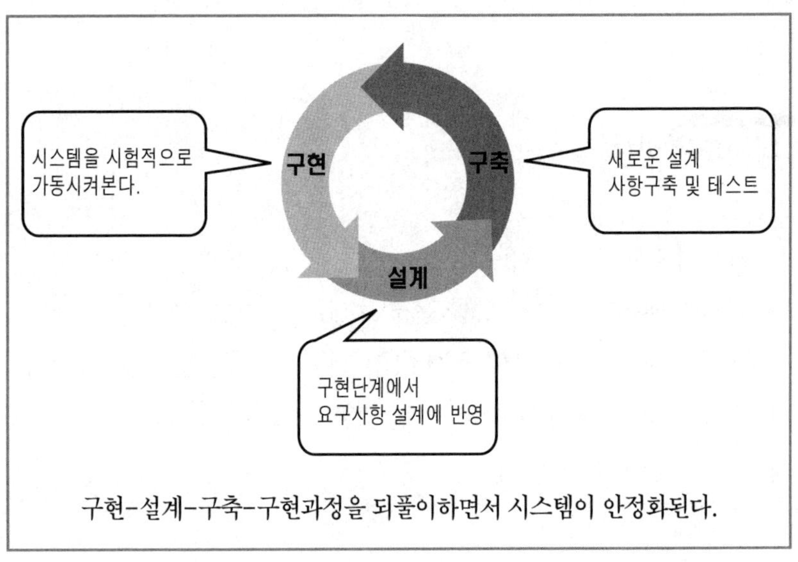

구현-설계-구축-구현과정을 되풀이하면서 시스템이 안정화된다.

유지보수

구현이 끝나게 되면 시스템의 본격적인 가동(Running)단계로
들어간다.

이와 때를 맞추어 도입사에서는 ERP 벤더사, 컨설팅사의 프로
젝트 요원들로부터 인수인계를 받아 독자적으로 시스템을 운영

하는 데 문제가 없도록 만반의 준비를 해야한다. 아울러 시스템
유지, 보수에 관한 문제 등 사후 관리에 문제에 구체적으로 합의
를 해야한다.

Part 08

성공! ERP 도입

1. 성공! ERP 도입

성공! ERP 도입

　회사가 ERP를 도입해서 성공할 수 있고, 또 실패할 수도 있다. 실제로 ERP를 도입해서 엄청난 효과를 본 회사가 있는 반면에 ERP시스템 구축으로 오히려 '안 한 것만 못하다'라는 결과를 초래한 사례가 여기저기서 발생되고 있는 상황이다. 국내 업체의 경우를 살펴보면 지금까지 거의 수만여 기업체들이 국산 또는 외산 ERP 패키지를 도입한 것으로 알려지고 있는데, 똑같은 패키지를 도입했는데도 기업마다 희비가 엇갈리는 경우가 속출하고 있다. '아무리 좋은 옷이라도 제 몸에 어울리는 사람이 있고 그렇지 않은 사람이 있다'라는 말을 실감나게 해주고 있다. 즉, 자기 회사의 형편을 잘 고려하여 패키지를 선정하는 것이 중요하다는 얘기다.

　한편 패키지를 자기 회사의 여건에 잘 맞게 선정했음에도 실패작으로 끝나는 경우도 많이 발생되고 있다. 이런 까닭에는 여러 가지 이유가 있겠으나 대표적으로는 컨설팅 능력이 부족하거나 도입 기업에서 ERP시스템을 받아들일 준비가 덜 된 경우이다.

프로젝트의 주도적인 역할을 하게 될 컨설팅 요원들의 능력이 떨어지게 되면 ERP시스템이 성공적으로 구축될 수 없음은 당연하다. 또 아무리 컨설팅요원들이 최선을 다한다 치더라도 도입사의 임직원들이 '강 건너 불 보듯 팔장만 끼고 바라보고만 있는 상황'에선 성공적인 ERP시스템 구축은 기대하기가 힘들어진다. 결국 ERP 패키지 선정과 함께 해당 프로젝트에 참가하게 되는 ERP벤더사 직원, 컨설팅요원, 도입사 임직원들이 혼연일체가 되어 프로젝트를 추진해야지 성공적인 ERP시스템 구축을 기대할 수 있게 된다.

기업·컨설팅사·ERP벤더사가 혼연일체가 되어야 ERP 도입이 성공한다.

자사에 맞는 패키지를 선정하라

ERP 패키지의 종류를 보면 국내에도 수십 개나 되며, 외국의 경우는 어림잡아 수백 개 이상이나 된다. 이렇게 많은 ERP 패키지들은 제각각 나름대로 특징을 지니고 있다. '어떤 패키지가 어느 업종에 강하더라, 어떤 패키지는 어느 모듈이 강하다' 라는 등 패키지마다 장단점을 동시에 갖고 있는 경우가 대부분이다. 이에 따라 기업 입장에서 우선 도입목적 및 범위를 명확히 설정하고 현행분석(AS-IS 파악)을 통해 도출된 요구사항을 바탕으로 패키지를 신중하게 선택해야 한다. 기술적인 부분에 있어서는 기본적으로 ERP 패키지들은 큰 차이가 없다고 보면 된다. 그래서 기능적인 측면에서 자사가 중점을 두고 지향하는 방향(TO-BE 프로세스)에 적합한 패키지를 선택하면 된다.

TFT는 최고 엘리트 사원으로 구성하라

ERP 프로젝트가 마치 공장이나 회사를 새로 설립하는 개념으로 추진되는 대형 신규사업이니 만큼 그 중요성에 걸맞게 모든 것에 우선하여 인재를 등용해야 한다. 현업을 꿰차고 있고 개선의지가 강한 사원들을 중심으로 TFT(Task Force Team)가 구성되어야 한다.

또한 TFT에 배치시킬 때 두리뭉실하게 할 것이 아니라 정식으로 인사발령을 내고, 기존 업무를 겸업하는 것이 아니라 TFT에 전속되어 TFT팀장의 지시에 따라야 한다.

TFT의 구성원들은 종전의 자기업무에 대한 애정이나 고정관념보다는 선진 업무 프로세스의 구축과 회사의 비전 달성에 대한 대의명분에 쫓아 생각하고 행동해야 한다.

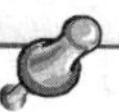

> ### 주요 성공요인 (Critical Success Factors)
>
> - 초기단계에서의 ERP시스템 사용 강제화 조치 필요
>   Top Management의 전산화 구축에 대한 강력하고도 지속적인 의지표명과 지원이 필수적 성공요소
>
> - 자사에 맞는 ERP 선정 중요
>   도입 결정 전에 세부적인 프로세스 처리 내역 반드시 검토 필요
>
> - ERP 구축 시 현업요원의 Task-Force팀 구성
>   프로젝트 시작 시점에서 현업의 Best Member로 구성된 전담 조직 필수
>
> - 변화에 따른 부작용 최소화를 위한 반복 교육 바람직
>   ERP 도입의 필요성및 변화 내역에 대한 ERP 도입 성공의식 고취차원의 교육
>
> - 실제 사용 실습 교육
>   ERP 도입의 필요성및 변화 내역에 대한 ERP 도입 성공의식 고취 차원의 교육
>
> – 현대 멀티캡 사례 –

TOP이 확고한 의지를 가져야 한다

대부분 ERP는 Top-Down방식에 의한 의사결정과정에 따라 도입되고 있다. 단순한 전산화·자동화·정보화 차원이 아니라 경

영혁신의 수단으로 도입되고 있기 때문이다. 현업에서는 오히려 ERP시스템의 도입을 꺼리는 경우가 많이 발생하고 있다. 이는 주로 새로운 시스템에 적응해야 하는 번거로움과 기득권의 보호 차원 때문으로 지적되고 있다.

ERP 도입 결정과정에서 주도적인 역할을 했듯이 구축과정에서 역시 선봉장이 되어 새로운 시스템에 대한 이해와 적응에 노력해야 한다. 성공적인 ERP시스템 구축에 가장 큰 걸림돌로 작용되는 것이 다름 아닌 현업에서의 수수방관한 자세이다. 외부의 컨설턴트들이 아무리 교육하고 설득하더라도 진정으로 직원들이 변하지 않으면 프로젝트가 실패할 확률이 높아진다. TOP의 의지가 프로젝트 성공 여부의 관건이라 할 정도로 중요한 사항이다.

경영전략 및 비전과 연계, 도입목표를 명확히 하라

구체적인 목표 없이 어떠한 결과를 기대할 수는 없다. 목표가 명확해져야지 목표 달성을 위한 의지가 생기는 것이다. ERP 프로젝트 역시 프로젝트 초기인 분석단계에서 경영전략 및 비전과 연계시켜, ERP 도입목표를 수립하게 된다.

ERP 도입목표는 정성적, 정량적인 측면에서 구분해 볼 수 있는데, 가급적이면 정량화시켜 도입목표를 명확히 하는 것이 필요하다. 가능한 한 문자보다는 수치화시켜(예를 들면 재고율 30% 감축, 납기일 30일 단축, Cycle Time 20일 단축, 구매리드타임 7일 감소, 불량율 50% 감소 등) 동기부여를 하는 것이 좋다.

주요 성공요인(Critical Success Factors)

• **도입목적 및 목표의 명확화**
⇒ 경쟁 기업과 차별화, 생산성 향상
⇒ Cost Down(30%), Lead Time 단축(50%), 재고기간 단축
(50%)

• **TFT(Task Force Team)를 Elite로 구성**
⇒ 각 파트별 최고 엘리트 선발
⇒ TFT 팀장은 TOP Manager
⇒ 컨설턴트 적극 활용

• **중점관리 포인트**
⇒ 사업전략에 방향을 둔 Process 전체의 Concept 및 방식 설계
⇒ 자사의 특성을 고려한 ERP선택
⇒ Top, 정보시스템부문, User의 Consensus 유지
⇒ Process 혁신, 업무기반 정비, ERP 도입의 3위 일체 전개

– 모나미 사례 –

현업 중심의 프로젝트가 진행되도록 하라

결국 ERP시스템으로 업무를 수행하게 되는 주체는 현업에 있는 직원들이다. 이러한 현업에서 ERP시스템을 제대로 이해하지 못하고 데이터 입력할 때부터 부정확한 정보를 다루게 되면 불을

보듯 훤한 결과를 가져오게 된다.

또한 프로젝트 구축 시 현업에서의 협조가 제대로 이루어지지 않으면 경우에 따라서는 한 발짝도 프로젝트가 진행되지 못하기도 한다.

결국 칼자루는 현업에서 쥐게 되는 상황이 자주 발생하고 있다. 이에 따라 TFT에서 활동하고 있는 현업요원들을 중심으로 현업 달래기와 길들이기를 잘해야 한다. 이렇게 하기 위해서는 각 업무에 핵심이 되는 직원들에게 무게를 실어주어 프로젝트 진행이 원활하도록 노력하는 것이 필요하다.

경험있고 유능한 컨설턴트를 활용하라

현장에서 업무를 하다보면 비슷한 기업에 똑같은 패키지를 구축한 결과가 전혀 딴 판으로 나오는 경우가 발생하기도 한다. 그 주된 이유를 살펴보면 컨설턴트들의 구축능력이 다르기 때문인 경우가 많다. 컨설턴트에 따라 프로젝트 기간이 길어졌다 짧아졌다 할 수도 있으며, 프로젝트 성공 여부가 좌우되기도 한다. 그만큼 ERP 프로젝트에 있어서 컨설턴트들의 역할이 중요하다는 얘기다.

따라서 리스크를 최소화시킬 수 있는 방법 가운데 하나는 동종 유사업종에 구축 경험이 있는 컨설턴트를 최대한 활용하는 것이다.

구축방법론에 의해 체계적으로 프로젝트를 진행시켜라

ERP시스템은 패키지 소프트웨어를 구축하는 것으로 기존의 MIS개발 및 구축방법론과는 본질적으로 차이를 달리하고 있다.

주요 성공요인 (Critical Success Factors)

- **도입 목적을 명확하게 설정하라**
  - ⇒ ERP가 업무 프로세스 개선을 통한 생산성 향상과 고객만족 경영을 달성하는 중요한 수단임을 경영자와 전직원이 공감

- **도입 목표를 정량적으로 설정하라**
  - ⇒ 목표가 불분명하면 프로젝트 진행에 문제가 발생
  - ⇒ 비용절감, 생산성 향상 등 이익목표를 정량화해 명시

- **아웃소싱을 활용하라**
  - ⇒ 객관적이고 정확한 업무 프로세스 진단을 위해 외부 컨설턴트를 적극 활용

- **태스크포스팀의 직무를 명확히 하라**
  - ⇒ 태스크포스팀은 프로젝트의 성패를 좌우하는 중요한 전위 조직임을 인식하고 프로젝트 진행을 위한 직무수행의 범위를 명시

- **사용자 교육을 철저하게 하라**
  - ⇒ 교육목표를 설정하고 계획적이고 철저한 사용자 교육을 실시하고 사용자가 자발적으로 정보시스템에 참여토록 함

- **제품선택 기준을 명확히 하라**
  - ⇒ 패키지의 안정성, 버전업 계획, 기술지원 등 제품선택 기준을 명확하게 설정
  - ⇒ 자사의 특성과 도입목적에 가장 적합한 제품을 선택

– 아일인텍 사례 –

즉, 기존의 MIS시스템의 경우 도입사의 주문에 의한 개발시스템이기 때문에 구축하는 과정에서도 신축성이 있는데 반해, ERP시스템은 패키지 중심으로 구축해 나가야 되기 때문에 ERP시스템을 성공적으로 구축하기 위해서는 패키지 내에 구현된 표준 프로세스를 목표로 정해놓고 이것을 달성하기 위해 모든 수단과 방법을 동원해야만 한다. 프로세스 등 패키지가 갖고 있는 특성이 도입사의 기존 여건과 다른 부분이 많은 경우일수록 변화에 대한 저항이 거세지기 때문에 고도의 구축방법론을 활용하지 않으면 성공적인 ERP시스템 구축이 힘들게 된다.

이에 따라 ERP 벤더사 및 컨설팅사들은 대부분 각기 나름대로의 ERP시스템 구축방법론을 보유하고 프로젝트 진행 시 이 구축방법론에 따라 각 단계별 행동지침에 따라 움직이고 있다.

따라서 도입사에서 ERP시스템을 구축하기 위해서는 프로젝트에 들어가기 전에 ERP시스템 구축을 하게될 ERP컨설팅사 또

는 벤더사 등이 어떠한 ERP시스템 구축방법론을 갖고 있는지에 대한 이해가 선행되어야 한다.

예컨대 중소기업체에 ERP시스템을 구축하는 경우 이와 같은 체계적이고 수준 높은 ERP 패키지 구축방법론 없이 MIS시스템 구축하는 방법으로 접근하는 경우가 자주 발생되고 있는 상황이다. ERP 구축방법론은 ERP컨설팅사나 벤더사가 오랫동안의 ERP시스템 구축을 통하여 얻은 교훈과 경험 및 시행착오를 바탕으로 효율적으로 성공적으로 ERP시스템을 구축하기 위해 만들어진 것이다.

커스터마이징을 최소화하라

'커스터마이징(Customizing)을 최소화하라'는 당연한 얘기다. ERP시스템을 구축하는 가장 큰 이유는 ERP 패키지 내에 내장된 표준 프로세스 또는 선진 프로세스(Best Practice) 도입을 통하여 기존의 업무 및 조직을 혁신하여 기업 경쟁력을 강화시키는 것이다. 따라서 ERP 패키지 내의 프로세스 자체가 ERP 도입의 거의 전부라 해도 지난 친 말이 아닐 것이다.

선진 업무 프로세스를 잘 이해하고 업무에 활용하여 성공적인 ERP 도입 효과를 가져오게 하는 것이 ERP 구축에 있어서 관건이다. 도입사의 업무 형태나 관행이 ERP 프로세스와 차이 큰 경우가 대부분이기 때문에 어떻게 하면 이러한 차이(Gap)를 최소한으로 줄여 패키지 중심적으로 시스템을 구현시켜서 가동하는 것이 ERP프로젝트의 핵심이라 할 수 있다.

그러나 ERP 패키지가 서구에서 선진 기업의 업무 프로세스를 모델로 삼은 것이기 때문에 당연히 국내 기업의 여건이나 환경과는 다른 부분이 많이 발생하고 있다. 따라서 패키지의 본질을 건드리지 않는 범위 내에서의 커스터마이징(적합화)에 대해서는 ERP 프로젝트 진행 시 당연히 받아들여지고 있다.

문제는 기업의 실정에 맞도록 패키지를 뜯어고치는 이른바 '적합화(커스터마이징)의 범위를 어디까지 할 것인지' 라는 부분이다. 이런 문제가 ERP시스템을 구축하는 과정에서 컨설턴트와 현업과의 마찰을 야기시키는 원인이 되고 있는데, 이런 경우에는 ERP 도입 목적이나 경영전략 또는 비젼 등 당초에 세운 목표에서 벗어나지 않는 방향으로 의견이 모아져야 함이 마땅하다.

가시적 성과를 거둘 수 있는 부분에 역량을 모아라

일반적으로 ERP시스템의 구축과정을 보면 ERP 도입 준비에서 분석단계까지 도입사의 임직원들의 관심도가 고조되다가 설계 및 구현단계에서 현업과의 마찰 등 임직원들이 ERP에 대한 신뢰도에 의심을 하고 관심도가 떨어지는 경우가 많이 발생하고 있다. 성공적으로 ERP시스템을 구축하기 위해서는 이러한 과정에서 전 임직원들이 적극적으로 참여하고 ERP컨설턴트들의 프로젝트 추진에 협조가 요구된다. 강요된 데 따른 것이 아니라 자발적인 참여나 협조가 필요한데, 이에 대한 수단으로 활용되고 있는 것이 가시적 성과를 거둘 수 있는 부분에 역량을 모으는 것이다.

즉, 'ERP 도입을 하니까 과연 달라지고 있구나' 라고 도입사의 임직원(특히 경영진)들이 피부로 느껴야 프로젝트에 참여하는 열기가 높아진다. 프로젝트 추진일정을 수립할 때 이러한 부분에 유념하고, ERP 프로젝트 수행 후 눈에 띄게 달라질 수 있는 테마를 선정해서 수행해나가는 것이 필요하다.

도입사의 여건에 맞게 ERP컨설턴트와 함께 이러한 테마를 선정하고 목표를 달성해 나가는 과정이 전임직원의 관심과 호응을 끌어낼 수 있는 강력한 수단으로 작용되고 있는 것이다. 이렇게 프로젝트 착수 후 빠른 시간에 가시적인 성과를 거두는 과정을 'Quick Hit'(조기에 히트를 쳐라)라는 용어로 활용되고 있다.

변화관리(CM : Change Management) 기법을 동원하라

ERP시스템을 구축해나가는 과정에는 어떠한 프로젝트보다도 대단히 많은 변혁이 요구되고 있다. ERP시스템의 구축은 점진적(Continuous)인 개선(Improvement)이 아니라 전면적으로 근본적(Fundamental)이고 급진적(Radical)인 혁신(Revolution)이 필요한 특성을 갖고 있다. 따라서 ERP시스템의 도입에 따라 조직, 인원, 업무처리 방법 및 절차, 회사 비전 및 경영전략 등 전사적(全社的)인 변화가 동반된다고 볼 수 있다. 변화가 클수록 변화에 영향을 받는 대상인 이해관계자들(Stakeholders)은 과민한 반응을 보이게 된다.

혁명적인 변화에 대한 주문인 경우 기존에 자신의 권리(기득권)이나 특권(?)을 사수(死守)하려는 의지가 더욱 강해지게 된다. ERP 프로젝트를 진행하는 과정에서 가장 큰 걸림돌로 지목되고 있는 것이 다름 아닌 내부의 적(敵)이라는 말이 있다. 그만큼 ERP시스템을 구축해나가는 과정에 있어서 도입사의 현 업종사자들의 저항이 크고 이를 설득하고 극복해나가는 과정이 매우 어렵다고 할 수 있다.

ERP시스템을 구축한 기업의 경우 ERP 프로젝트를 진행하는 과정에서 가장 힘들었던 사항을 묻게 되면 도입사 임직원이나 컨설턴트들이 한결같이 지적하는 것이 현업 종사자에 대한 설득 및 참여 유도에 대한 문제였다고 실토하고 있다. 그렇기 때문에 ERP 프로젝트의 성패를 좌지우지할 정도로 손꼽히는 요소인 변화(Change)에 대한 관리(Management)가 별도의 한 전문적인 영역으로 취급되어 관리되고 있는 것이다.

변화관리(CM ; Change Management)는 변화와 관련된 이해관계자들(Stakeholders)을 잘 관리해서 프로젝트를 성공적으로 수행하는 기법이다. 각 컨설팅사별로 ERP 구축방법론과 아울러 변화관리(CM)에 대한 기법을 가지고 있다. 이 역시 오랫동안의 프로젝트 경험을 살려 시행 착오를 최소화시키고 효율적으로 프로젝트를 수행할 수 있도록 개발된 것이다. 프로젝트 각 단계별 이해관계자들에 대한 관리요령을 설명해주고 있다. 어느 조직이나 조직구성원에 대한 배려나 편익보다는 전사적인 입장에서 변화관리를 수행하게 되기 때문에 이해관계자들간에 변화로 인한 득실이 교차되는 경우가 일반적이다.

주요 성공요인(Critical Success Factors)

- 정확한 목표설정및 구축전략
- 비즈니스 프로세스 변화 우선(현재 업무방식 탈피)
- 프로젝트 관리자와 팀 구성원의 자질(추진력, 책임과 권한)
- 최고 경영자의 의지 및 적극적인 지원
- 지속적이고 집중적인 교육 및 환경
- ERP추진방법론(BPR/Package 동시 추진, Core모듈 구축 후 단계적으로 확대)
- 현업 중심의 프로젝트 추진(전사적 참여, IT 참여 필수)
- ERP소프트웨어의 무수정(Add-on Program)
- 자사에 적합한 Package 선정(The Right Tools)
- 유능한 외부전문가(Consultant) 선택

– 대우캐리어 사례 –

ERP 도입의 주요 성공요인(CSF)으로

▶혁신에 대한 최고 경영진의 확고한 의지

▶명확한 목표 설정 및 지속적 성과측정

▶검증된 패키지 선정

▶효율적인 프로젝트 관리 등을 꼽을 수 있다.

이 가운데 가장 중요하다고 꼽을 있는 요소는 최고 경영진의 전폭적인 지원이라 할 수 있으며, ERP 도입 목표의 정량화, 동종 유사업종에서 검증된 패키지 및 컨설팅사 선정, 변화관리(Change Management), 커스터마이징의 최소화가 ERP 성공의 주요 인자로 설명될 수 있다.

성공 ERP 도입을 위한 14계명

- 자사에 맞는 패키지를 선정하라

- TFT 최고 엘리트 사원으로 구성하라

- TOP이 확고한 의지를 가져야 한다

- 경영전략 및 비전과 연계, 도입목표를 명확히 하라

- 현업 중심의 프로젝트가 진행되도록 하라

- 경험있고 유능한 컨설턴트를 활용하라

- 구축방법론에 의해 체계적으로 프로젝트를 진행시켜라

- 커스터마이징을 늘 최소화하라

- 전사적인 참여를 유도시켜라

- 가시적 성과를 거둘 수 있는 부분에 집중하라

- 변화관리 기법을 도입하라

- 지속적인 교육 및 워크숍을 하라

- 자료의 정확성을 위한 관리를 철저히 하라

- 시스템 활용도 및 만족도를 수시로 평가하라

Part 09

확장 ERP – ERP II

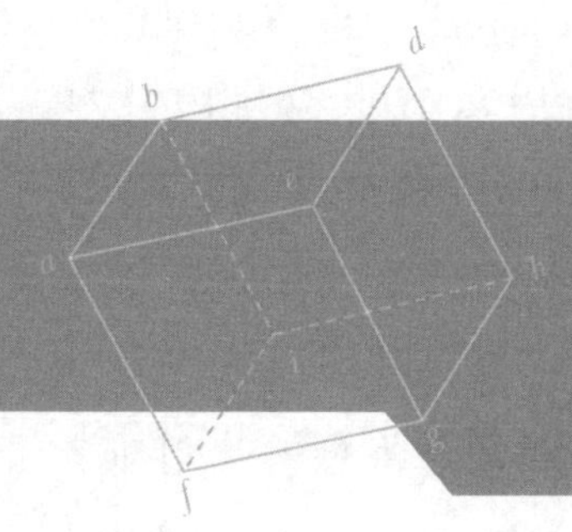

ERP 시장 및 기업 정보화의 변화

ERP 시장의 변화

2000년대 부터 성장세가 지속됐던 ERP 시장이 이제는 완만한 성장곡선을 그리고 있다. 이미 ERP 시장은 거의 포화상태에 이르렀다고 할 수 있다. 한국 IDC에 따르면 2015년 국내 ERP 시장규모는 전년대비 약 9% 증가한 2,448억 원으로 집계했다. 향후 2019년까지 평균 9% 정도로 성장이 예상될 것으로 전망했다. 이처럼 ERP 시장은 그동안의 높은 성장세는 아니지만 성장기조는 유지될 것으로 전망되는 상황으로 외국계 메이저 업체부터 국내 소규모업체까지 차별적인 기술 개발이나 서비스 개편이 생존과 성장을 위해 필요한 실정이다.

최근에는 클라우드 컴퓨팅 환경에 최적화된 ERP시스템의 개발과 구축에 시장의 관심은 고조되고 있다. 이는 클라우드 기반

소프트웨어(SaaS)에 대한 인식 전환에 따라 수요가 증대되고 모바일 환경과 소통, 공유 비즈니스에 최적화된 시스템의 필요성에 기인된다. 대체로 클라우드 ERP는 조직툴이 SaaS 기반으로 구축되므로 기존 시스템의 교체 및 확장도 동시에 진행할 수 있으며, 단기간에 구축이 가능하다. 또한 낮은 비용과 새로운 기능의 적용 용이성, 업무 패러다임의 변화에 따른 유연한 대응이 가능하다는 점에서 기존 업체의 업그레이드나 교체 수요, 신규 업체의 수요까지 확대될 가능성이 증대되고 있다.

한편 지금까지 전통적인 ERP는 기업의 내부적인 프로세스를 통합한 그룹 소프트웨어 모듈에서 차세대 ERP 시스템으로 발전되어 왔다. 가트너사는 차세대 ERP를 정의하며 ERP II 라는 용어를 사용한다. 차세대 ERP란 기존의 전통적인 ERP 시스템에 포괄적인, 그리고 특정의 외부적인 요소가 통합된 시스템을 의미한다. 새로운 방식의 ERP는 기존의 전통적인 ERP 정의에 CRM, SCM 및 KM 모듈 등을 네트워크를 통하여 확장시켜주며, 한 곳에서 사용될 수 있는 통합된 툴로 제공한다. 이로 인하여 고객기업과 협력사 등 외부 프로세스까지도 웹 환경을 이용할 수 있도록 지원하고, ASP 모델, 포털 및 특별한 솔루션 등을 기존 ERP 인프라 구조에 추가함으로써 직원들이 한 화면에서 모든 작업을 할 수 있도록 지원해 준다.

기업 정보화의 변화

e-Business화가 기업의 화두로 대두되면서 ERP, SCM, CRM이 기업 정보화의 중심축 역할을 하면서 기업 내외부 솔루션(Solu tion) 및 정보(Information)을 통합하는 차원의 EAI(Enterprise Application Integration), EIP(Enterprise InformationPortal), EP(Enterprise Portal) 솔루션들이 난무하더니 정보(Information)를 적극적으로 활용하여 가치(Value)를 창출하는 차원에서 지식(Knowledge)이 키워드로 대두되면서 지식경영(Knowledg e Management)이 기업 정보화의 새로운 이슈로 정부 및 공기업, 대기업, 금융기관 중심으로 활발히 도입, 구축, 운영되고 있는 실정이다.

21C IT환경의 키워드

ERP (Enterprise Resource Planning)	전사적 자원관리 시스템
SCM (Supply Chain Management)	공급망관리
EC (Electronic Commerce)	전자상거래
CRM (Customer Relationship Management)	종합고객관리
DW (Dataware housing)	데이터웨어 하우징
KMS (Knowledge Management System)	지식관리시스템
EIS (Executive Information System)	경영자 정보시스템
PDM (Product Document Management)	제조데이터관리

그룹웨어(Groupware), 전자문서관리(EDMS), 전자결재 (Workflow) 등으로 내부 의사소통 및 정보공유를 해오고 있던 기업들이 지식기반(Knowledge Based)으로 이들 시스템을 통합 관리하는 개념의 새로운 정보시스템인 EKP(Enterprise Knowledge Portal)가 등장하였다.

또한 국내 그룹사 중심으로 기업과 기업간의 거래관계에서 발생되는 정보를 다차원적으로 관리하는 개념의 C-Commerce 즉, Collaborative Commerce(협업적 상거래) 솔루션을 선보이

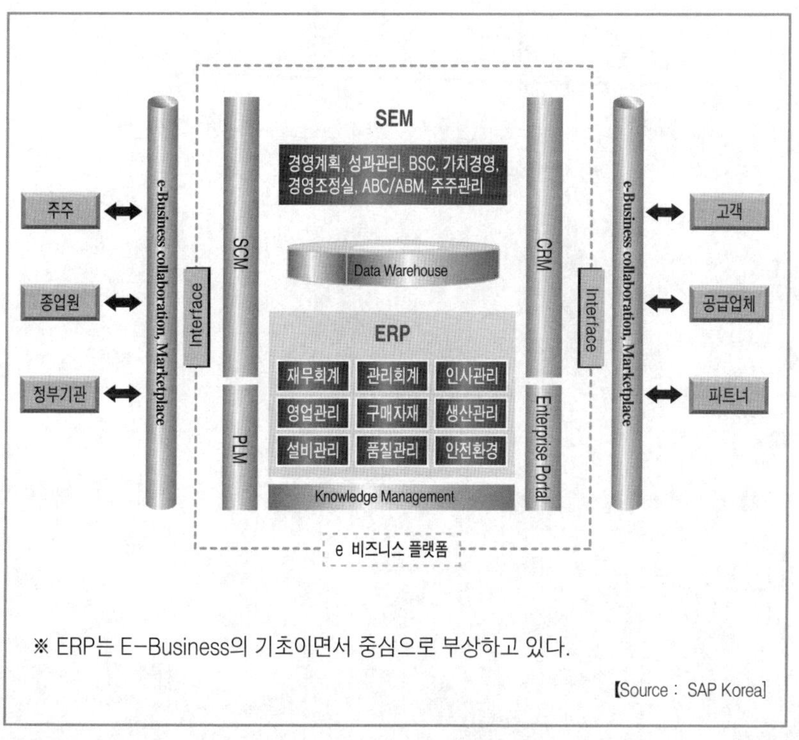

는 등 IT를 활용한 경영혁신 움직임은 끝이 안보일 정도로 하루가 멀다할 정도로 새로운 컨셉이 생겨나고 새로운 솔루션이 등장하면서 기업체들에게 숨가쁜 변화와 혁신, 투자를 요구하고 있는 실정이다. 이처럼 기업체들이 정신 못 차릴 정도로 IT 환경은 급격히 변화하고 있는 데 무턱대고 시류에 편승할 것이 아니라 기업체들이 자사의 여건과 환경에 적합한 정보화를 사전에 계획하고 소신있게 추진해나가는 것이 효율성(Effeciency), 효과성(Effectiveness) 측면에서 유용할 것으로 판단된다.

전자상거래 - EC

EC (Electronic Commerce)의 개념

① 컴퓨터 및 네트워크를 이용하여 상품 및 서비스를 수요, 공급하는 개인, 기업, 정부 등 경제 주체간의 상거래 절차

② 네트워크를 통한 상품의 구매와 판매 –오스틴대학 윈스톤 교수

③ 사이버 공간에서 수행되는 모든 상거래 행위와 이를 지원하는 활동들을 포함하는 일련의 행위

④ WWW의 발전으로 인해 연구, 학술목적의 인터넷이 상업적 이용이라는 측면에서 대두되는 개념

⑤ 전자상거래는 정보통신기술을 활용하여 기업의 생산, 판매, 조달 등 모든 경영활동을 효율화하는 경영혁신전략 수단임

EC (Electronic Commerce)의 장점

① 상품을 구매하는데 있어 시간적·공간적 제약을 받지 않는다.

② 상품에 대한 다양한 판매자들의 가격정보는 물론 유사상품에 대한 정보까지도 앉은 자리에서 쉽게 확보할 수 있어 좋은 구매결정을 내릴 수 있다.

③ 장바구니 기능을 활용할 수 있어 한 사이버공간(온라인 쇼핑몰)에서 여러 가지 물건을 구매한 경우 어떤 물건을 얼마만큼 구매했는지를 언제든지 알 수 있어 계획에서 벗어난 과다 구매 억제한다.

④ 상품을 직접 눈으로 확인하지 않고도 신뢰성 있게 구매 가능하다.

⑤ 값비싼 물리적 전시공간이 없어도 되기 때문에 상대적으로 저렴한 비용으로 전시가 가능하다.

⑥ 광고비용을 대폭 줄일 수 있다.

⑦ 고객의 구매행태를 자동적으로 분석할 수 있어 적절한 판매전략의 수립이 가능하다.

EC (Electronic Commerce)의 단점

① 고객은 직접 상품을 볼 수 없기 때문에 상품의 기능이나 특성

등의 품질을 확인하기 힘들다.

② 고객이 원하는 상품을 구매하기 위해서는온라인 쇼핑몰을 혼자 돌아다녀야 하고 이 때문에 낭비되는 시간이 크며 새로운 상품에 대한 정보를 얻기 또한 매우 힘들다.

③ 상품의 규격과 고객의 요구를 표현하는데 있어서 표준화가 필요하다.

④ 전자적인 대금 지불 방식을 사용해야 되는데 여기에는 기술적인 문제와 개인 정보 등 보안문제가 발생된다.

⑤ 최소비용으로 최적의 물류 및 배달체계가 구축되어야 한다.

EC와 전통적인 상거래 비교

구 분	전통적인 상거래 방식	전자상거래
유통채널	• 기업 → 도매상 → 소매상 → 소비자	• 기업 → 소비자
거래대상지역	• 일부지역 Closed "Clubs"	• 전세계 Global Marketing
거래시간	• 제약된 영업시간	• 24시간
고객정보파악	• 영업사원이 획득 • 정보 재입력 필요	• 온라인으로 수시획득 • 재입력이 필요없는 디지털 자료 (Digital Data)
마케팅활동	• 구매자의 의사에 상관없는 일방적인 마케팅	• 쌍방향 통신을 통한 일대일마케팅 (One to One Marketing) • Interactive Marketing
고객대응	• 요구사항 포착이 어렵고 대응지연	• 요구사항을 신속히 포착하여 즉시대응
판매거점	• 판매공간 필요	• 가상공간

EC(Electronic Commerce)의 유형

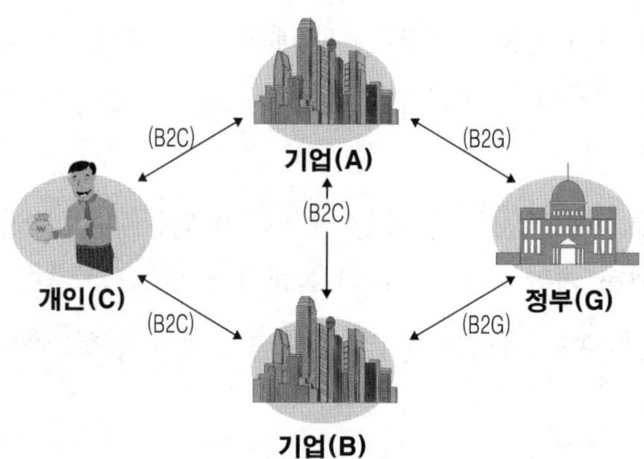

B2C-EC의 한계

① 인터넷 쇼핑몰에 대한 신뢰 부족, 개인정보 유출에 따른 보안
체계 미흡하다.

② 국내 인터넷 이용자가 대부분 20~30대의 남녀 직장인으로써
실질적인 소비 주체인 여성(특히 주부)을 전자상거래 소비자
로 적극 수용하지 못하고 있다.

③ 인터넷 쇼핑몰이 높은 물류비용(제품가격의 약 10%), 마케팅
비용 등으로 일반 유통업체와 가격 차별화가 부족하다.

④ 전자상거래 구현을 위한 범 국가적인 정책 협조체제가 부재

(관련 기관간의 역할 분담과 기능조정이 미비하여 중복투자의 위험 및 호환성 확보에 어려움)하다.

B2B-EC의 한계

① 기업들의 비효율적인 업무처리 절차 및 관행의 개선 없이 정보기술을 도입함으로써 정보화에 의한 효율성 향상 효과가 미흡하다.

② 기업간 경쟁의식으로 인해 동종업체간에도 정보시스템의 표준화등 전자상거래를 위한 개방적인 공동 노력이 부족하다.

③ 무자료 거래 관행의 지속으로 기업들이 시장의 투명성을 높이는 전자상거래 도입에 소극적이다.

④ 중소기업 인터넷 이용율이 저조하여 기업간 전자적 자료교환 및 공유를 위한 정보화 환경이 미비하다.

⑤ 개별기업의 낙후된 정보화 수준(개방된 환경에서의 기업간 협력 및 경쟁 의식이 미약하고 중소기업의 기술, 자금, 인력부족으로 내부정보화도 미흡)이 미흡하다.

⑥ 표준화 및 요소기술 확보 등 국내 기술기반이 취약하다.

⑦ 시범사업의 가시적 효과가 미흡(전자상거래에 대한 유용성, 기대효과의 검증 및 국내 실증 사례가 없어 기업의 지속적 투자에 부담을 초래)하다.

고객관계관리 – CRM

CRM이란?

① CRM은 고객, 정보, 사내 프로세스, 전략, 조직 등 경영 전반에 걸친 관리 체계이며, 이를 정보기술이 뒷받침한다.

② CRM은 바로 고객과의 관계를 바탕으로 평생 고객가치인 LTV(Life Time Value)를 극대화하는 것으로 귀결된다.

③ 신규 고객 및 기존 고객과의 다양한 고객접점(영업사원 고객 접촉, A/S 방문직원의 방문, Inbound Call, Outbound Call)을 활용, 여기서 발생한 수많은 데이터를 정리·분석하고 이를 마 케팅 정보로 변환한다.

④ 고객의 구매 관련 행동을 지수화하고 이를 바탕으로 마케팅 프로그램을 개발, 실현, 수정하는 고객 중심의 경영기법이다.

⑤ 고객의 요구에 초점을 두어 1 : 1로 차별화된 마케팅을 실시

하는 것으로 기존의 마케팅이 단발적인 전술이라면 CRM은 지속적인 고객과의 관계를 유지한다.

⑥ 고객에 대한 지식을 바탕으로 수익성있는 고객을 선별하고 최적의 서비스를 제공하여 고객만족도를 높이고 고객가치의 극대화를 실현한다.

⑦ 기업이 보유한 다양한 채널을 기반으로 고객과 일대일 마케팅을 통해 지속적 관계를 유지한다.

⑧ 인터넷이라는 새로운 환경에서 실행하는 것을 e-CRM이라고 부른다.

⑨ 기업이 보유하고 있는 고객 데이터를 수집, 통합, 가공, 분석하여 고객 개개인의 특징에 맞게 마케팅 활동을 계획, 수행,평가, 수정하는 일련의 과정이다.

CRM 구현조건

① 고객 통합데이터 베이스 구축
② 고객과 관련된 전사적인 정보공유체계 확립
③ 고객이 생각하고 표현하는 말 한마디 한마디를 사내 정보망 통해 공유
④ 고객 특성을 분석하기 위한 데이터마이닝 도구 필요
⑤ 구축된 통합 데이터베이스를 대상으로 마이닝 작업을 통해 고객의 특성을 분석

⑥ 마케팅 활동을 대비하기 위한 캠페인 관리용 도구 필요

⑦ 분류된 고객 개개인에 대한 특성을 바탕으로 해당 고객에 대한 적절한 캠페인 전략을 지원, 관리하는 도구가 필요

CRM 추진과제

C	고객을 정확히 안다 고객 구조 조정을 실시한다 고객행동을 예측한다
R	고객과 만나는 시간을 극대화 적절한 상품을 적절한 채널을 통해 대응 다양한 고객서비스를 개발
M	고객 중심의 조직과 보상제도를 정비한다 효율적으로 마케팅 자원을 관리 효율적으로 영업단위를 관리

CRM - 우수고객 유지와 고객이탈 방지

① 만족한 고객은 그 경험을 새로운 5명의 고객에게 이야기하고, 그 이야기를 들은 고객은 그렇지 않은 고객에 비해 6배 정도 기업에 이익을 준다.

② 만족한 고객은 일반 고객에 비해 50% 더 기업의 제품을 구매

한다.

③ 일주일에 50달러를 소비하는 고객을 매일 1사람씩 1년간 잃는다면, 그 다음 해에 100만 달러의 판매손실을 입게 된다.

④ 새로운 고객을 획득하는 비용은 기존 고객을 유지하는데 드는 비용의 3~5배가 소요된다.

⑤ 새로운 고객보다는 기존 고객에게 12배 정도 더 제품을 판매할 수 있다.

⑥ 평균적인 회사의 비즈니스 중 65%는 만족을 얻은 기존 고객을 통해 이루어진다.

CRM 구축절차

고객분석

고객데이터의 축적, 저장, 분석을 통해 행동패턴을 파악하여 마케팅, 영업 및 고객서비스와 관련된 의사결정

캠페인

영업의 효율성을 증대시키기 위한 프로모션

고객관리

고객의 기본정보, 고객과의 관계 개발, 유지, 신규 비즈니스 개발을 지원

담당자관리

고객의 통신담당자, 키맨의 프로필

활동과 일정관리

활동과 연계하여 개인별 일정관리 지원

판매기회관리

잠재고객 혹은 기존고객으로부터의 판매기회를 추적, 고객에게 적절한 솔루션 제공

목표 및 실적관리

개인별 평가기준에 따른 목표치 대비 실적관리

고객서비스관리

고객서비스 요청사항 관리

계정 및 서비스 조회

요금청구 및 수납, 사용서비스 지원

마케팅 자료 관리

문서 저장하는 저장소로서 경쟁사 정보 등

지식관리시스템 - KMS

KMS(Knowledge Management System) : 지식관리시스템

① 정의

조직이 가지고 있는 유·무형의 정보 자산의 관리를 위한 통합된 접근 방법으로 고객과 종업원을 위하여 정보와 지적자산을 가치 있는 내용으로 전환하기 위해 지식의 생성, 공유, 활용 등의 프로세스 제반 영역(제도, 인프라)을 효율적으로 유지하기위한 시스템

② 배경

정보의 홍수(Know Where시대), 지식공유(선진 경험 등)필요

③ 지식(Knowledge)

의사 결정의 힘이 되는 정보 또는 정보들 집합

④ 정보(Information)

데이터에 의미나 가치를 부여한 형태

⑤ 목 표

지식기반사회 이행에 따른 생존 전략 차원·지속적인 대외 경
쟁력 확보 및 지원 등

⑥ 동향

업종별 리더기업을 중심으로 구축한 초기 시장 단계

⑦ 사업전략 실행에 필수적인 핵심역량 확보에 지식 경영이 불가
결하다는 인식에 기초한 경영층의 강력한 Leadership - CKO
(Chief Knowledge Officer)의 역할은 지식경영 기반 구축, 기
업의 지식문화 형성, 지식경영 프로세스 관리 등에 있다.

Knowledge란?

지식이란 일하는 방법을 개선하거나, 새롭게 개발하거나 또는
기존의 틀을 바꾸는 혁신을 단행해서 부가가치를 높이는 것으로
학문과 같은 전통적 지식보다는 기술특허나 데이터베이스 같은
실용지식, 그리고 고객서비스 노하우 등과 같은 현장경험이 지식
으로서 더욱 가치있을 수 있다는 것이다(Peter Drucker in 'Post
Capitalist Society).

통상적으로 '인텔리'라는 말과는 다르다.

'지식'이 유일한 생산요소인 지식중심 경제사회가 요구하는
진정한 지식인은 일하는 방법을 꾸준히 개선, 개발, 혁신해 부가

가치를 높이는 사람을 의미한다.

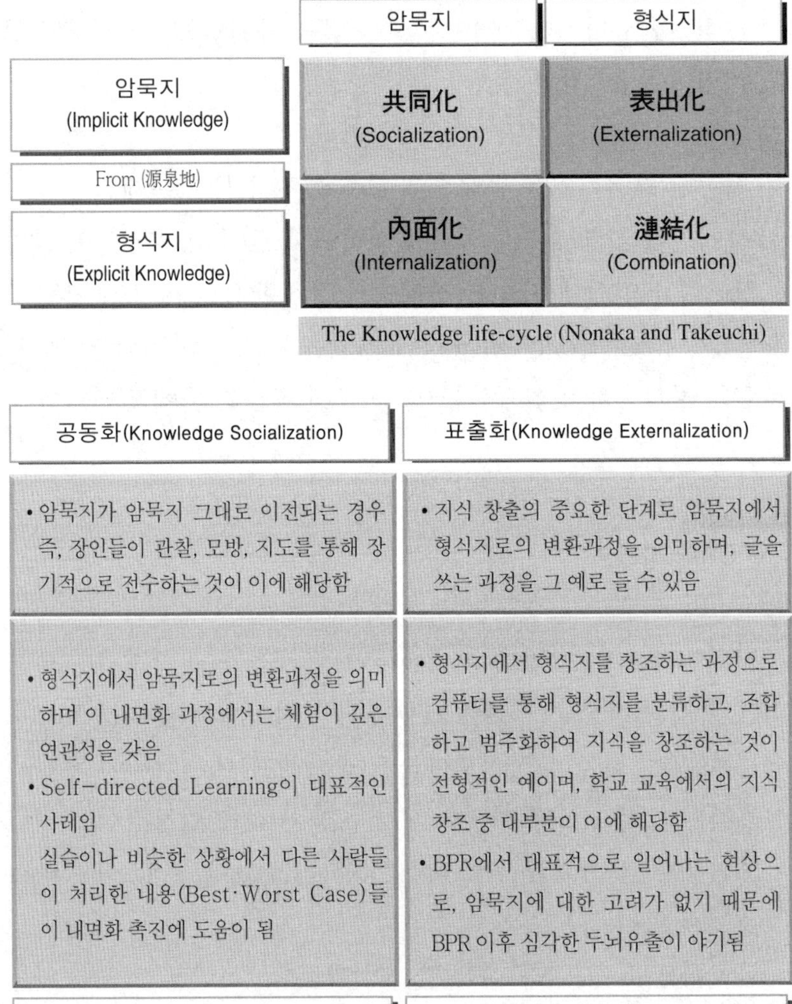

공급망관리 - SCM

SCM(Supply Chain Management) : 공급망관리

① 정의

기업과 기업간 자원, 정보, 시간, 자금 등의 통합관리에 의한 최적화

② 등장배경

개별기업의 경쟁력 강화만으로는 진정한 승자가 될 수 없다.

③ 시스템구성

공급업체, 고객사가 마치 쇠사슬처럼 연결되어 총체적인 관점에서 시간, 비용, 서비스 등을 최적화시키는 경영전략

④ 현황 및 전망

확장 ERP개념으로 부상

⑤ 구축범위

Supplier-Supplier, Supplier, Manufacture, Customer, Customer-Customer

⑥ 왜 SCM인가

복잡한 기업활동에 의한 글로벌 네트워크의 적절한 조정(Co ordination)이 경쟁우위를 갖기 위한 최우선의 척도가 되어 가고 있으며, 오늘날의 글로벌 전략은 점차 조정의 게임이 되어 가고 있다.

산재하고 있는 생산과 유통 기지들, 연구소, 시장 등이 함께 협동하여 활동하게 될 것이다(Professor Michael Porter Harvard Business School).

SCM 등장배경

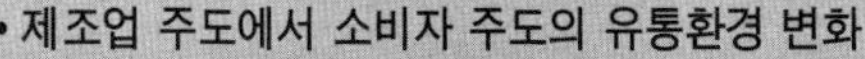

SCM이란?

  SCM은 공급사슬관리(Supply Chain Management)로서 공급
사슬을 시장상황에 맞도록 최적화(最適化)해 경영효율성을 높
이는 활동으로 흔히 공급망 관리로 통한다.

  불확실성이 큰 시장환경에 기민하게 대응하기 위해 등장한 새
로운 경영기법이다.

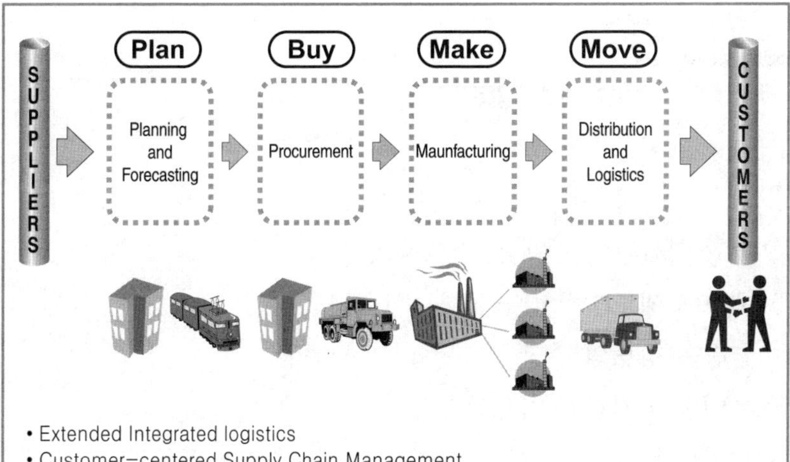

- Extended Integrated logistics
- Customer-centered Supply Chain Management
- The art of managing the flow of materials and products from source to user
- The functions within and outside a company that enable the value chain to make products and provide service to the customer

– APICS –

Supply Chain의 핵심가치(측정지표)

<table>
<tr><td>비 용</td><td>시 간</td><td>이 익</td><td>고객가치</td></tr>
<tr>
<td>
• Total supply Chain Costs
• Total Delivered Cost By Product
• Costs :
  - by Channel
  - by mode
  - by customer
  - by product
</td>
<td>
• Total Supply Chain Time
• Order to Customer Delivery Cycle Time
• Response Time
• Post - Sales/Service Cycle Time
• P.O./Receipt Time
• Lead Times
</td>
<td>
• Supply Chain Profitability
• Return on Inventory Investment
• Return on Supply Chain Assets
• Cash Flow
• Customer profitability
• Product Profitability
</td>
<td>
• "Perfect" Order
• Order Fill Rates
• On-Time Delivery
• Share/Growth
</td>
</tr>
</table>

Supply Chain Management의 목표

① 총 조달·인도비용 및 리드타임의 감소

② 교류 회사간의 관계 및 가치의 향상

③ 재고 수행도의 향상 – 비용, 신속성

④ 운송 수행도의 향상 – 비용, 속도, 서비스

⑤ 손익분기 기간과 비용의 감소

⑥ 수익의 증대

⑦ 유연성·가시성·반응성 증대

⑧ 고객 서비스 및 고객가치의 향상

⑨ 총체적 경쟁우위의 획득

⑩ 주주가치의 향상

SCM 관점

요　　소	전통적 관점	Supply Chain 관점
재 고 관 리	자사에 한정	파이프라인 전체 대상
코 　스 　트	자사만 최소화	파이프라인 전체 최소
정　　　보	자사만 이용	서로 공유
위 　험 　성	자사 감수	서로 공유
전　　　략	자사 중심	파이프라인 전체 대상
조　　　직	자사 조직 중심	파트너 쉽

Part 10

ERP 도입 및 운영 성과측정

1. ERP 도입 및 운영 성과측정

2. 성과측정 방법 및 관리방안

3. 정보화 투자성과 분석 방법론(PAM)

ERP 도입 및 운영 성과측정

성과측정체계(Performance Assessment Framework)

ERP 도입 및 운영에 따른 효과를 거두기 위해서는 업무별 또는 부서별 명확한 도입목표를 정의하고 점검하는 체계가 ERP 도입 시에 구축되어 있어야 한다. 전사 통합정보시스템을 구축함에 있어 각 부문별 또는 프로세스별 도입 목표를 명확히 정의하고 이에 대한 성과를 측정하고 지속적으로 관리해 나가야 한다. 특히 조직의 경영성과 향상에 ERP시스템이 어느 정도 관계가 있으며 기여했는 지가 정보화 구축에 따른 성과를 관리하는 핵심 포인터가 되어야 한다.

즉, ERP시스템을 구축함에 있어 계획(Plan)−운영(Do)−평가(See)등의 순환주기에 따라 성과를 관리해 나가야 지속적으로 효과를 향상시켜 나갈 수 있게 된다.

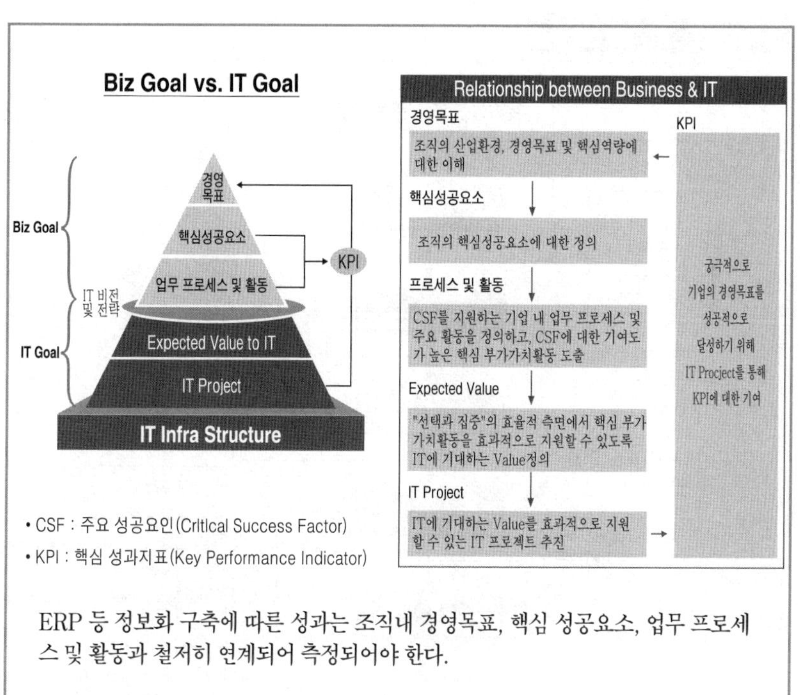

ERP 등 정보화 구축에 따른 성과는 조직내 경영목표, 핵심 성공요소, 업무 프로세스 및 활동과 철저히 연계되어 측정되어야 한다.

ERP 도입을 준비하는 과정에서는 기대효과 중심으로 각 부문별 도입목표를 설정하고(이때 정성적, 정량적 효과로 구분하여 정리하되 가급적이면 정량화된 목표지표를 중심으로 관리해 나가야 객관적이고 명확하게 성과를 측정할 수 있음), 구축 및 운영 이후 주기적인 관리를 지속적으로 해 나가야 한다.

업무별 성과지표 – 생산부문

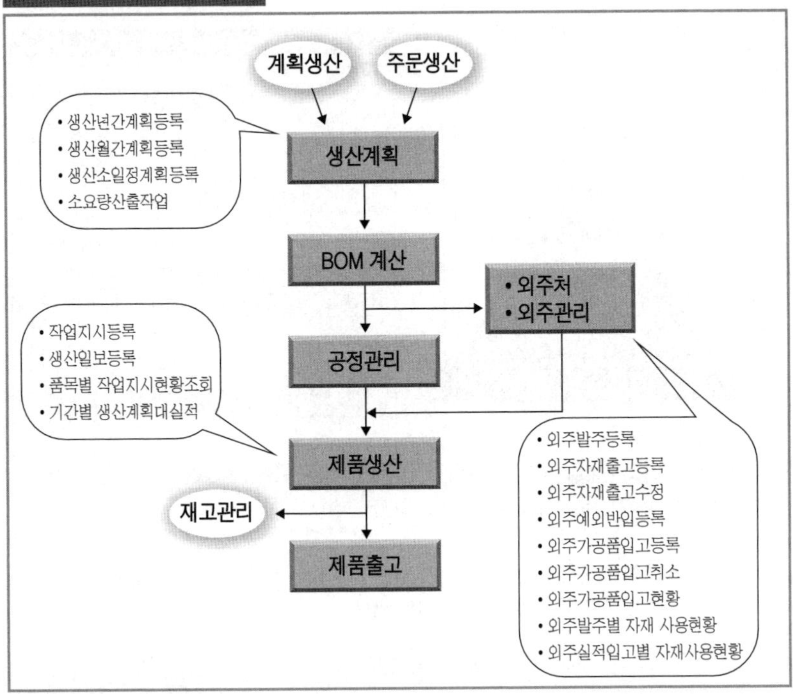

생산관리 성과지표 예

성과지표(KPI)	현황(AS-IS)	목표(TO-BE)
노동생산성	–	15~20% 향상
제조원가 생산성	–	목표치 설정
외주납기준수율	60%	98%
납기준수율	44%	90%
생산리드타임단축	13일	7일
기준정보관리	–	Code체계 정립, BOM, Routing 구축, 표준시간관리
생산계획	–	사업계획 수립의 연계 및 정책반영, 일관성 유지
생산실적	–	생산실적의 시스템화, 생산 관련 각종 경영정보 제공
공정관리	–	오더별 현황관리, 합리적 외주관리, 정확한 작업지시

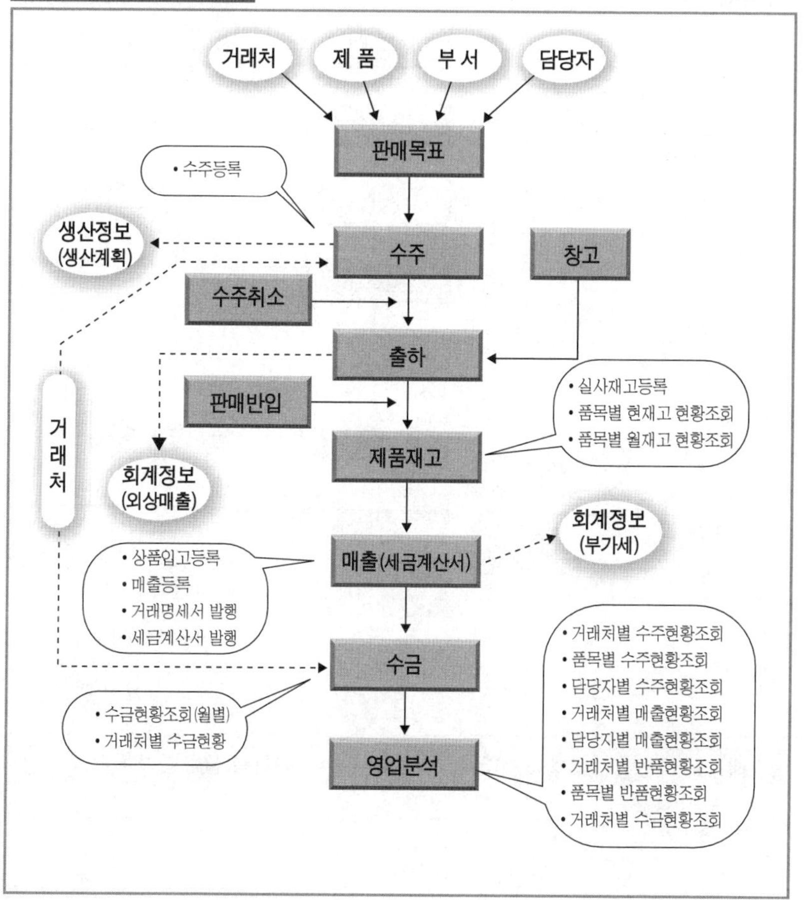

성과지표(KPI)	현황(AS-IS)	목표(TO-BE)
납기관리	40일	20일
고객관리	주문부터 관리	견적부터 관리
판매계획달성율	85%	95%
Claim 감소	1,986 PPM	200PPM

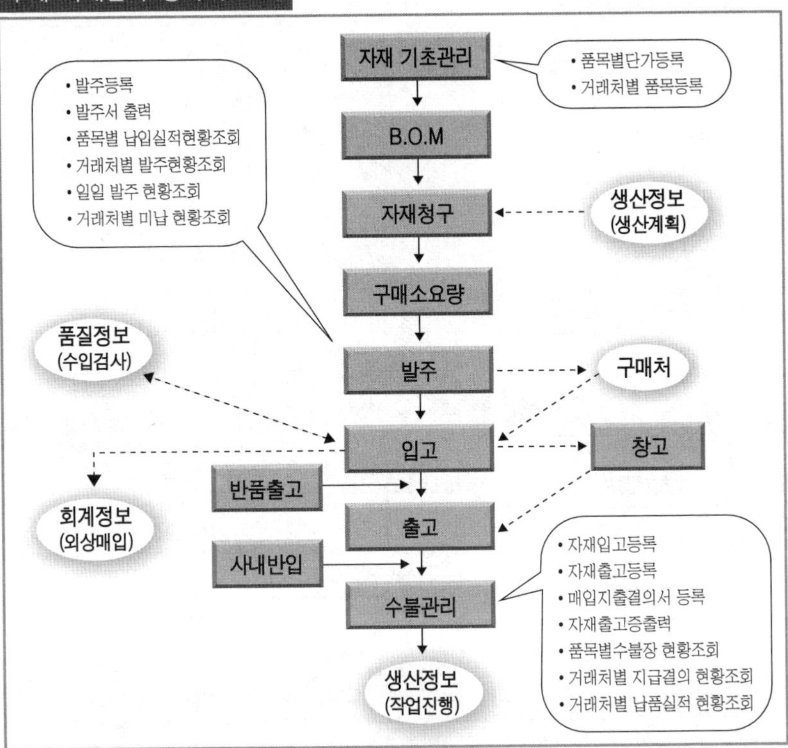

성과지표(KPI)	현황(AS-IS)	목표(TO-BE)
구매계획정확도	77%	95%
발주정확도	80%	95%
재고회전율	0.45회전	4회전
불율재고율	3.5%	0.1%
장기재고율	9.5%	1%
자재납기준수율	88%	98%
기준정보	–	자재코드체계정립, 자재 및 구매 기준정보등록
구매계획	–	시스템에 의한 영업·생산계획 연계 경영계획 수립
구매발주	–	자동발주시스템 운영
입·출고관리	–	입·출고예약시스템 운영, 자동출고 기능운영
재고관리	–	장기악성재고 자동통보로 불용재고액 감소

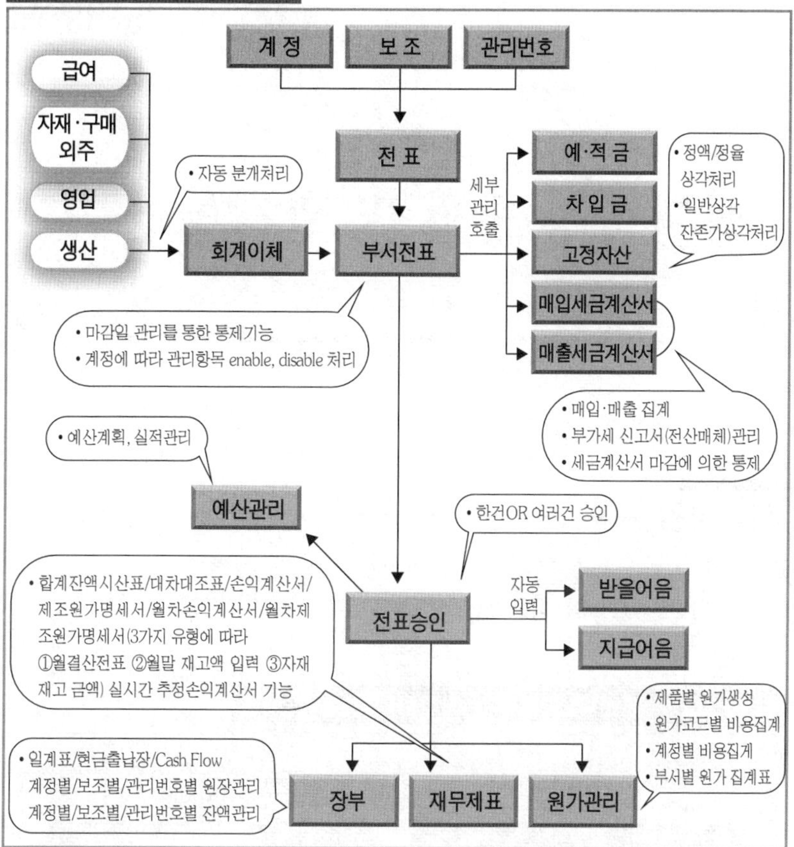

성과지표(KPI)	현황(AS-IS)	목표(TO-BE)
관리결산 일정단축	M+20일	M+7일
시재관리 적시성	–	실시간 관리
실물·장부자산일치	정확도 95%	100%
목표이익관리	–	계획대 실적관리
임원정보시스템	일부 구축	시스템에 의한 다양한 정보의 실시간 제공
원가관리	–	표준원가·실제원가
손익관리	–	사업장별, 제품별, 거래처별, 영업사업별

성과측정 방법 및 관리방안

기본방향

정보시스템 구축 및 운영에 따른 효과분석을 통해 정보시스템

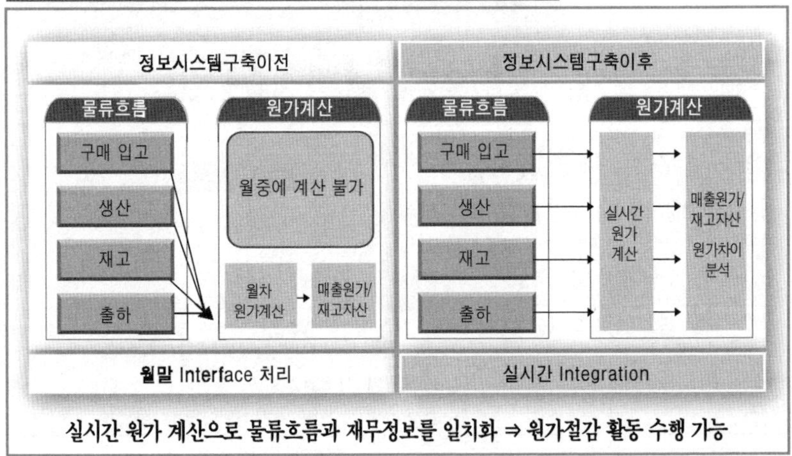

의 활용성을 극대화시키고 성과를 지속적으로 개선시켜 나가야
하며 가능하면 성과지표를 정량화시키고 화폐가치로의 환산을
한다.

성과측정방법 및 관리방안

정보화 투자로 인해 기대효과 측면에서 설정한 성과지표를 업
무프로세스 또는 조직별로 핵심성과지표(KPI)를 도출시키고 가
능한한 정량화시켜 이를 지속적으로 관리해나가야 한다.

주요 업무별 핵심성과지표 관리기준 예시

Value Driver	KPI	As-Is※	To-Be※	관리 주체	주기
업무 프로세스 개선	• 결산마감일 단축	약 15일	5일	재경	매월
	• 손익정보 제공 단위 및 주기	사업부(월)	개인/제품(일)	기획	일일
	• 표준원가 분석주기	분기	월간	기획	월
원가 절감	• 인건비 원당 매출액	14.2원	25.7원	영업	분기1회
	• 경상이익율	3.3%	10.0%	재무	매월
	• 재고 회전일(일반제품)	N/A	30일	생산	매월
	• 매출원가율 축소	70.3%	68.0%	생지	매월
	• 판관비율 축소	25.6%	20.0%	기획	메월
고객만족도 향상	• 품질클레임	2.87PPM	1.50PPM	생지	매월
	• 품질 시정 및 예방조치 수행율	50%	90%	연구소	매월
업무 생산성 향상	• 실 영업투입 시간율	50%	90%	ERP Team	분기 1회
	• 지식경영에 의한 개선 금액	미실시	매출대비 3%	ERP Team	분기 1회

※ 전사 핵심 프로세스 및 이와 연계된 업무활동을 기준으로 KPI(핵심성과지표)를 설정하고 각 부서별 정량
화된 KPI를 주기적으로 관리해 나가야 한다. 목표KPI의 경우 달성가능한 수준으로 설정해야 효과가 높
게 나타난다.

전사 부문별, 조직별 정보화추진 목표를 명확히 설정하고 주기적인 관리를 지속해야함

조직내에서 주기적으로 KPI의 관리를 통해 업무생산성의 향상 및 정보화로 인한 효과를 극대화시켜야 한다.

이와 아울러 정보시스템 사용자 만족도 조사를 통해 기능향상 및 정보시스템 활용성 증대를 도모해 나가야 한다.

정보화 성과평가 방법론
(PAM : Performance Assessment Methodology)

'측정할 수 없는 것은 관리할 수 없다' 라는 말이 있다. 이는 평가가 아무리 어렵다 하더라도 평가를 통해 관리를 해나가지 않는다면 제대로 효과를 거둘 수 없다는 얘기다. 특히 정보화 투자에 따른 효과를 측정한다는 것은 매우 어려운 과제이다. 즉, 정보화 효과라는 것이 대부분 정량화가 어려운 정성적 요소가 지배적일 뿐만 아니라 복합적인 요인으로 비즈니스 성과가 발생되는 가운데 정보화를 통한 직접적인 효과를 가늠한다는 것 또한 어려운 일이다.

그렇다고 갈수록 증대되고 있는 정보화투자금액에 대한 성과측정을 무시할 수도 없으니 기업입장에서는 딜레마에 빠질 수 밖에 없다. IT전문 평가기관인 아이티씨지(ITCG)가 국가 신기술 과제로 개발한 정보화 투자성과 분석 방법론은 정보화투자효과를 효율적으로 분석하기 위한 방법론인데, 이를 간추려 소개한다.

단 계(Phase)	활 동(Activity)	
P1000 환경분석	P1100	경영환경분석
	P1200	평가대상 시스템 분석
P2000 부가가치활동(VAA)정의	P2100	부가가치활동 (VAA) 도출
P3000 정보화지표정의	P3100	정보화성과지표정의
	P3200	정보화비용지표정의
P4000 정보화지표측정	P4100	정보화성과지표측정
	P4200	정보화비용지표측정
P5000 경제성 분석	P5100	정보화투자성과분석
	P5200	사업성 분석

P1000 환경분석

환경분석단계에서는 조직의 경영 및 정보화 현안과 관련하여 조직환경 파악 및 이해를 도모하고, 사업에 필요한 기초자료들을 수집, 검토, 분석하여 정보화 투자성과 분석에 필요한 자료를 준비하는 활동이 핵심이다. 조직의 경영환경 이해는 정보화 투자성과 분석사업 진행상에서 우선적으로 수행해야 할 과제이다. 또한 정보화 투자성과 분석사업의 전체적인 방향을 잡아주는 구심점 역할을 하기 때문에 매우 중요하다고 할 수 있다.

환경분석 작업은 일반적인 경영 환경 뿐만 아니라 정보화 환경 파악까지도 같이 이루어져야 하며, 수집된 자료 내에서 현황파악이 쉽지 않을 경우에는 관련 담당자의 인터뷰를 통해 얻고자 하는 정보를 도출해 낼 수 있다. 인터뷰가 필요할 경우, 프로젝트 매니저는 인터뷰 세부 일정을 계획하고, 인터뷰 대상자 및 인터뷰에 사용될 인터뷰 질의 항목을 구체적으로 준비해야 한다.

환경분석 단계에서는 일반적인 경영환경분석 활동과 정보화 환경 파악에 해당되는 평가대상시스템 분석 활동으로 구성된다.

P1100 경영환경 분석

경영환경 분석활동의 목적은 조직의 경영목표 파악과 정보화 성과지표를 도출하기 위한 기초정보를 파악하는 데 있다.

우선 조직의 경영목표 및 업무기능을 파악하여 경영목표 달성을 위한 핵심성공요인(CSF)들을 정의한다. 핵심성공요인(CSF)은 경영목표를 달성하는데 중대한 영향을 미치는 요인이며, 정보화 성과지표 도출시 핵심 가이드 요소로 작용된다.

조직의 경영환경을 이해하여야 정보화 투자를 통해 얻고자 하는 조직의 기대사항을 파악할 수 있고, 정보화를 통해 얻고자 하는 조직의 기대사항을 알아야 정보화 성과지표 도출 방향을 잡을 수 있다. 경영환경 분석결과는 부가가치활동(VAA)조사와 정보화 성과지표 도출 작업에서 기초정보로 활용된다.

P1200 평가대상 시스템 분석

평가대상시스템 파악 활동은 평가대상 시스템의 현황과 평가대상 시스템 사용자를 파악하고, 정보화 비용/성과지표 산출과 정보화 투자성과 분석을 위한 제반 정보를 수집하는 것을 목적으로 한다. 여기서는 평가자가 평가하고자 하는 정보시스템과 평가에 필요한 기본적인 자료 파악을 하는 단계이다.

정보시스템 개발기간, 유형, 비용 등 평가 대상 정보시스템의 구조 및 기능을 파악하는 대상 시스템 현황파악과, 정보시스템이 조직의 제반 업무영역에 어떻게 활용되는지를 파악하는 시스템 사용자 분석 활동이 수행된다.

평가대상 시스템 분석 결과는 정보화 성과분석 전반에 걸쳐서 평가대상시스템에 대한 기초자료로 활용된다.

P2000 부가가치활동(VAA) 정의

부가가치활동(VAA : Value Added Activity)이란 가치 창조적인 업무 활동으로 정의될 수 있으며, 이는 공사 조직내에서 경영목표 및 전략을 효율적으로 달성하기 위한 핵심성공요인(CSF)에 직접적으로 영향을 주는 활동이라고 볼 수 있다. IT투자의 우선순위 및 IT운영의 척도로 활용될 수 있는 요소로서 정보화 성과지표를 도출하는 핵심 인자로 활용되는 매우 중요한 개념이다.

부가가치활동(이하 'VAA')은 조직내 핵심업무활동들 가운데 CSF과 직접적으로 관계가 있는 핵심업무활동이다. P2000 부가가치활동정의 단계는 부가가치활동도출, IT최대의존도(IT MAX)조사활동, IT 기대가치 및 효과정의활동 등으로 구성된다.

<table>
<tr><td>IT 최대의존도 조사</td><td>IT 기대가치 정의</td><td>IT 기대효과 분석</td></tr>
<tr><td>부가가치활동(VAA) 업무 특성을 고려, IT에 의존할 수 있는 최대 수준 조사</td><td>부가가치활동(VAA) 업무 성격상 현재 또는 장래 정보시스템이 지원해 주기를 요망하는 기대사항을 정의</td><td>IT 기대가치 분석으로 IT 기대효과 및 정보화 성과지표 (IT KPI)를 도출</td></tr>
</table>

※ IT 최대의존도(IT MAX)조사를 통해 부가가치활동(VAA)업무 및 IT와의 연계성을 파악하고 IT에 의존도가 높은 VAA의 경우 IT 기대가치(요구사항)를 수용하고 IT 기대효과를 분석하여 긍극적으로 정보화 성과지표(IT KPI)를 도출함.

P2100 부가가치활동(VAA)도출

부가가치활동(VAA)도출은 정보화 지표를 도출하는데 핵심이 되는 활동(Activities)들을 분류 및 정의, 지표 도출에 참고가 될 수 있는 정보화 성과 관련 VAA를 분석하는 것을 목적으로 한다.

여기서는 VAA가 정의되면 각 VAA와 IT와의 관계를 규명하고, 궁극적으로 IT KPI(정보화 성과지표) 도출을 위해 IT MAX (IT 최대의존도 : IT Maximum), IT 기대가치 및 기대효과를 점검해서 도출근거를 제시하게 된다.

VAA 도출 결과 및 분석자료는 정보화 성과지표를 정의하고 측정하기 위한 산출식을 이끌어내는 데 근거자료로 활용될 수 있다.

재무팀 ...치(VAA) 활동	IT MAX	IT기대가치 (Expected Value to IT)
• 회계관리	5	• 타 시스템과의 연계 지원 • 사용편리성을 위한 관리항목의 상세화 • 에러발생율 저하 • 관리업무 메뉴의 통일성, 구체성, 일관성 • [효과]→ 업무처리시간 단축, 업무처리의 신속화

• 자금관리	4	• 실질적인 자금운용 계획의 시스템적 출력
		• 자금수요 판단을 위한 지원(.about 자체운영자금, 경상비 등)
		  → 수요예측지원이 가능했으면 좋겠음. 현재 수요예측시스템이 있으나
		     사용법이 어려워서 사용하지 않고 있는 실정임

• 물자관리	4	• 중장기 물품수급의 품목별 분류 기능 지원
		• 자본예산편성시 원가만을 사용해서 품목별로 입력시 데이터값이
		   일치하지 않아 어려움이 있음(비용적용 데이터값 type이 시스템별로
		   다르게 적용되고 있기 때문임).

• 부동산관리	3	• ○○○ 시스템과의 연계 필요(금액이 일치하지 않기 때문임)

【 IT MAX 조사서 – 정보화 관련 핵심부가가치활동(VAA) 조사서 예 】

P3000 정보화 지표 정의

정보화 투자평가를 하기 위해 선행 작업으로서 가장 기본이자 핵심이 되는 요소가 정보화 지표 부분이다.

정보화 지표는 정보화 비용지표와 정보화 성과지표 등 2개로 대별될 수 있다. 비용지표는 대부분 정량화 가능한 지표로 구성되며, 성과지표와는 달리 비교적 정량화 및 화폐가치로의 환산이 용이한 특성을 갖고 있다. 이에 비해 성과 지표는 정성적, 정량적 측면에서 고르게 나타날 수 있으며, 지표의 성격상 대부분 정량화가 쉽지 않은 특성이 있다. 정량화가 어려운 지표에 대해서는 대체기법 또는 추정기법등 다양한 방법이 활용될 수 있으나, 산출과정에서 평가자의 주관성이 개입될 수 있는 한계점을 가지고 있다.

정보화지표는 정보화비용지표정의활동, 정보화성과지표정의활동으로 구성되며, 각 지표별 구성하고 있는 내용(항목)들을 정의하는 "정보화 지표 정의서"작업이 이 단계의 핵심이라고 할 수 있다. 정보화 지표정의서는 정보화 투자에 따른 경제적 가치의 측정을 위한 기초자료로써 활용되며, 이는 정보화투자평가 과정에서 중요한 활동이다.

P3100 정보화성과지표 정의

정보화 성과지표 정의 단계에서는 정보화에 의해 나타나는 성과를 측정 가능한 지표로 분류하고 정리하는 활동을 수행한다.

지표 도출 방법은 크게 두 가지 관점으로 구분할 수 있다.

경영성과지표(KPI) 또는 업무성과측정 지표로부터 정보화 성과지표를 도출하는 방법과 정보화에 의해 나타나는 업무생산성 또는 업무 효율을 정보화 성과지표로 도출할 수 있는데 PAM에서는 후자 방식을 기본적으로 채택하고 있으며 기존에 관리되고 있는 예컨대 조직의 경영목표 및 전략을 효율적으로 달성하기 위해 활용되는 핵심성공요인(CSF)와 직접적인 관계에 있는 부가가치활동(VAA)과 연계하여 정보화 성과지표 즉, IT KPI를 도출하여 이 지표를 근간으로 정보화 투자에 따른 성과를 측정하고 있다.

P3200 정보화비용지표 정의

조직에서 정보화 비용은 다양한 항목으로 나타날 수 있는데, 측정이 용이한 비용 항목이 있는 반면, 측정이 어렵거나 측정이 불가능한 비용항목도 존재한다. 즉 측정을 위해 지표로 도출될 수 있는 비용항목이 있는가 하면, 눈에 쉽게 드러나지 않는 비용항목도 존재하므로, 비용지표 선정 및 측정 시에는 어떤 항목을 정보화 비용지표로 선택할 것인지, 어떠한 방법으로 측정을 할 것 인가에 대한 정의가 우선적으로 이루어져야 한다.

일반적으로, 정보화 비용지표는 조직에서 정보화 투자와 관련, 지불되고 있는 총비용이 포함되어야 한다. 즉 하드웨어, 소프트웨어 비용 뿐만 아니라 정보시스템 구축과 관련된 외부개발비, 내부 운영비 및 인건비, 교육비 등 제반관련 정보화 투자비용이 빠짐없이 정리되어야 한다.

'3200 정보화비용지표 정의' 단계에서는 비용을 크게 개발비, 운영비, 인프라비 등 3가지로 구분하여 비용지표를 정의하고 있다.

P4000 정보화 지표 측정

정보화 지표 측정단계에서는 K3000 단계에서 도출된 정보화 비용 및 성과 지표 값을 측정하는 활동이 수행된다.

정보화 비용지표 측정을 위해서는 정보시스템의 구축 및 운영

관련 지출된 모든 투자 비용의 조사가 필요하며, 특히 하드웨어
는 복수의 시스템이 공유해서 사용하고 있기 때문에 각 시스템별
배부율을 적용하여 하드웨어 비용을 산정한다.

　정보화 성과지표 측정을 위해서는 먼저 지표의 성격을 규명할
수 있는 지표 정의를 명확히 공유한 후, 각 성과지표별 측정방법을
정의하고 산출식으로까지 구체화시킨다. 화폐가치로의 환산을 위
한 논리나 방법을 활용하기 위해 업무 담당자가 충분한 협의 과정
을 거치는 것이 필요하다. P4000 정보화 지표 측정단계는 정보화
비용지표 측정활동, 정보화 성과지표 측정활동으로 구성된다.

P4100 정보화성과지표 측정

　정보화 성과지표를 측정하는 단계이다. 지표는 그 성격상 크게
정성적 지표와 정량적 지표로 구분될 수 있으며, 정성적 지표의
경우 대부분 측정이 어려운 경우가 많으며, 정량적 지표의 경우
그 성격상 측정이 용이하다.

　정성적 지표의 경우에는 대체기법이나 이용자 질의 기법 등을
이용하여 정량화가 가능한 지표로 환산하여 계량적인 평가가 가
능할 수 있도록 해야 한다. 여기서는, 지표별 성과측정, 지표별 화
폐가치환산 활동이 수행된다.

P4200 정보화비용지표 측정

　정보화 투자비용 산출 기준은 크게 구축비용(또는 개발비)과
운영 비용으로 구분할 수 있으며, 운영비용에는 유지보수 성격의
운영비와 인프라 비용이 포함되며, 각각의 기준요소에 따라 해당
비용을 산출할 수 있다. 본 방법론에서는 P3000 에서 정의된 비

용지표를 직접 측정하는 활동을 수행하게 된다.

정보시스템 환경분석 단계의 평가 대상 시스템 분석활동에서 조사된 평가대상 시스템 개요서를 토대로 연도별 시스템 별로 구축 및 유지보수 비용을 파악한다. 기간은 시스템 수명기간을 기초로 하여 산정한다. 여기서는 개발비, 운영비, 인프라비 비용으로 구분하여 측정활동을 수행한다.

P5000 경제성 분석

경제성 분석 단계에서는 정보화 투자에 대한 성과가 얼마나 되며, 어떻게 발생되고 있으며, 어느 정도 시점에서 투자된 자금이 회수 되고 있는가에 대한 분석 활동이 수행된다.

P4000 단계까지는 지표정의 및 지표별 측정 활동이 진행되었으며, 이 활동이 완료되면 조직별·시스템별·연도별 측정이 가능하게 된다. 또한, 사업성 관점에서 투자수익률(ROI : Retrun on Investment)분석, 순현재가치(NPV : Net Present Value)분석, 투자회수기간(PB : Payback Period)분석 등 여러 가지 기법 등을 응용 및 적용할 수 있다. 사전평가를 수행할 경우에는 그 미래의 예측 성과를 가늠할 수 있는 척도를 구해야 하며 정보화투자 성과분석활동과 사업성 분석 활동이 수행된다.

P5100 정보화 투자성과 분석

정보화 투자에 따른 성과가 어느 정도인지 파악하기 위해서 정보화지표 측정과정을 통해 도출된 결과 값을 활용하여 정보시스템의 수명주기 동안 지출된 또는 지출해야될 총 비용을 정리하고 동 기간 중 발생된 또는 예상되는 정보화 효과를 화폐가치로의 환산(명목가치 및 실질가치)을 통해 투자대비 성과를 비교 분석하게 된다. 정보화 비용의 경우 물가, 이자, 임금 변동율을 반영해야 하고, 정보시스템 성과의 경우 '효과발생율' 및 '정보화 영향도' 개념을 활용하여 정보시스템의 영향 및 효과 발생 정도를 경제적 가치 도출시 반영한다.

여기서는, 정보시스템 성과분석, 정보시스템 투자대비성과분석 활동으로 구성된다.

P5200 사업성 분석

정보화 투자평가 분석의 궁극적인 목적은 정보시스템에 대한 경제적 가치를 구하는 데 있다.

현재 운영 중인 시스템 또는 향후 도입을 계획하는 정보시스템에 대한 타당성을 검토할 때 해당 정보시스템에 대한 경제적 가치가 중요한 변수로 작용될 수 있다. 정보시스템에 대한 경제적 가치는 특정 시점을 기준으로 삼기 보다는 정보시스템의 수명연한을 기준으로 설정해야 하기 때문에 경제적 가치는 순현재가치(NPV : Net Present Value), 투자수익율(ROI : Return On Investment), 투자회수기간(Payback Period)등의 비용대비 효과 분석 방법을 활용하여 다양한 측면에서 분석될 수 있다.

여기서 간과해서 안 될 사항은 정보시스템에 대한 투자 성과를 정량적 측면에서만 고려할 것이 아니라 정량적으로 측정할 수 없는(정성적 측면) 성과도 함께 고려돼야 한다. 정보시스템의 특성이나 조직 및 업무환경에 따라서 정량적 효과가 두드러진 경우가 있는가 하면 정성적 측면의 효과가 더욱 강조되어야 할 시스템도 있다.